Christopher Vasey

INCARNATION
ET
RÉINCARNATION

Christopher Vasey

INCARNATION ET RÉINCARNATION

COLLECTION MONDE DU GRAAL

1ère édition 2008
Imprimé en Allemagne par : FGB, Freiburg, Allemagne
ISBN : 978-2-900811-91-7

Dépôt légal : septembre 2008

Sommaire

Introduction

La vie humaine, réduite à un seul séjour sur Terre, est incompréhensible.

Pourquoi certains êtres sont-ils dotés d'une solide santé, et d'autres accablés par la maladie et la souffrance ? Pourquoi un quotidien rempli de problèmes et de soucis pour certains, et d'aisance et de facilité pour d'autres ? N'est-il pas injuste que la vie soit longue pour l'un et courte pour l'autre ? Comment expliquer l'inégalité de destin entre le riche et le pauvre, le fort et le faible ?

Toutes ces interrogations, et bien d'autres, trouvent une réponse simple et convaincante si l'on prend en compte la réincarnation.

Il ne s'agit cependant pas de croire aveuglément à la réincarnation parce que cela nous arrange et nous rassure. Sa réalité est confirmée par de nombreux faits que nous exposons dans ce livre. Elle s'explique de manière naturelle et logique si l'on considère que l'être humain n'est pas uniquement un corps, mais un esprit immatériel, autrement dit une âme, incarnée dans un corps physique.

Si l'être humain admet l'existence de la réincarnation, il comprendra alors ce qu'il est, les événements qui se déroulent autour de lui, et le véritable sens de sa présence sur Terre.

Chapitre 1

Qu'est-ce qu'une incarnation ?

Si certaines personnes éprouvent de la difficulté à admettre la réincarnation, ou à comprendre ce qu'elle est, c'est souvent parce qu'elles ne sont pas conscientes de ce qu'est une incarnation. En effet, avant de se **ré**incarner, il faut s'être **in**carné une première fois. La réincarnation n'est que la répétition du processus d'incarnation.

Qu'est donc une incarnation ?

Le mot incarnation signifie, in = dans ; carne = la chair, autrement dit : entrer dans la chair. Mais s'il est précisé que quelque chose entre **dans la chair**, c'est que ce quelque chose n'est **pas** de chair.

Il est d'une autre constitution ou d'un autre genre que le corps physique. Sa constitution est beaucoup plus fine et éthérée, car il s'agit du noyau **immatériel** de l'être humain, c'est-à-dire de l'esprit. Cette manière de voir est celle de l'approche spiritualiste, pour laquelle l'esprit est le moi profond, personnel et individuel que nous ressentons être et qui nous distingue de tous les autres êtres humains. C'est le centre de la personnalité, le «je» qui dit je parle, je lis, etc. C'est d'ailleurs aussi lui qui dit «j'ai un corps», car l'esprit et le corps sont deux choses bien distinctes.

L'esprit et le corps

Pour séjourner sur Terre, l'esprit dispose d'un outil : le corps physique. Il est par conséquent erroné de considérer l'esprit comme une chose extérieure à nous-même et que nous possédons, c'est l'inverse qui est vrai. Nous n'avons pas un esprit, nous sommes un esprit.

Il ressort de cela que le cerveau, qui appartient au corps physique, n'est pas le centre de notre conscience, comme on le croit souvent, car, comme le reste du corps, il n'est qu'un outil mis à la disposition de l'esprit. Pour illustrer ce fait, prenons l'exemple de la vision. Ce qui voit en nous, ce ne sont ni les yeux, ni le cerveau, mais l'esprit grâce aux informations perçues par les yeux, et qui lui sont transmises par l'intermédiaire du cerveau.

Si l'esprit humain est d'une autre constitution que celle de son corps, c'est qu'il est originaire d'un autre plan de la Création. En effet, l'esprit a son origine sur le plan spirituel, appelé aussi paradis, qui se trouve au sommet de la Création, alors que le corps est issu de la matière dense du plan terrestre, situé au bas de la Création.

Entre le plan spirituel, qui est d'une constitution très fine et légère, et le plan de matière dense qui, comme son nom l'indique, est lourd et pesant, se trouve la matière subtile avec ses différentes subdivisions, appelée aussi l'au-delà. Sa constitution est d'un genre différent du genre spirituel et de celui de la matière dense. Ensemble, ces trois plans forment la Création.

Nous avons utilisé ici la présentation de la Création et la terminologie qui nous sont données par Abd-ru-shin dans son ouvrage intitulé «Dans la Lumière de la Vérité, Message du Graal». Cette œuvre est la base sur laquelle nous nous appuyons pour parler de l'incarnation et de la réincarnation.

Avant de poursuivre, il nous faut encore préciser que le plan spirituel est divisé en de nombreux sous-plans et que l'origine de l'esprit humain se situe dans un sous-plan de la partie inférieure du plan spirituel.

La structure de la Création se présente donc ainsi :

- Le plan spirituel ou paradis
- Le plan de la matière subtile ou au-delà
- Le plan de la matière dense ou plan terrestre.

L'esprit est créé avec les matériaux du plan spirituel qui sont fins, légers et lumineux. Le corps physique, quant à lui, est constitué de matériaux plus lourds provenant de la matière dense du plan terrestre. Or, en raison de la différence de genre qui existe entre le spirituel et la matière dense, un esprit qui désire séjourner sur Terre a besoin d'un outil pour établir un contact entre lui et son environnement, un outil grâce auquel il puisse percevoir son entourage et s'y déplacer. Sans le corps physique, l'esprit serait comme les ondes radio qui traversent les murs, sans pouvoir les ressentir ni agir sur eux.

L'outil dont l'esprit a besoin pour vivre sur Terre est une enveloppe de matière dense. Celle-ci est faite de muscles, d'organes et de sang, autrement dit de **chair**, dans laquelle il s'in-**carne**. C'est le corps humain, qui est équipé de cinq sens pour enregistrer les informations concernant l'environnement, de jambes pour se déplacer, de bras pour travailler, ainsi que d'un centre de coordination, le cerveau, pour gérer ces différents éléments.

Cette nécessité de revêtir un corps pour percevoir et agir sur le plan terrestre sur lequel il vient d'arriver, l'esprit y était aussi confronté à son entrée danès chaque sous-plan de la matière subtile. C'est ainsi qu'en descendant du plan spirituel en direction du plan terrestre, l'esprit revêt une nouvelle enveloppe subtile à son entrée dans chacun de ces sous-plans. Étant donné qu'il ne se débarrasse pas d'une enveloppe quand il en revêt une nouvelle, mais la conserve, elles se superposent autour de lui.

Lorsque l'esprit est entouré d'une ou de plusieurs de ces enveloppes subtiles, mais qu'il n'est pas encore incarné dans un corps de chair, on le désigne par le terme âme.

L'esprit est donc le moi proprement dit de

l'être humain ; l'âme est l'esprit entouré de corps subtils ; et l'être humain terrestre est l'âme une fois qu'elle a revêtu un corps physique.

Après avoir donné ces différentes précisions, revenons au processus d'incarnation de l'esprit dans un corps de chair. L'incarnation a lieu dès que le corps en formation a atteint un stade de développement suffisant pour lui servir de réceptacle. Ce moment est atteint au milieu de la grossesse. Une fois incarné, l'esprit apprend à mouvoir le corps ainsi revêtu, ce qui se traduit par les premiers mouvements de l'enfant, qui commencent effectivement entre le 4e et 5 e mois de grossesse, donc au milieu de celle-ci.

L'apprentissage du mouvement se poursuit après la naissance, pendant une partie de l'enfance. Il est accompagné de l'apprentissage du langage et de celui du «traitement» des informations terrestres à l'aide du cerveau. Ce dernier est en effet semblable à un ordinateur mis à la disposition de l'esprit.

Au moment de l'adolescence, le corps est arrivé à maturité et l'esprit, qui a enregistré les différentes particularités de son environnement terrestre, peut dès lors déployer sa pleine efficacité.

L'esprit peut alors entrer dans la phase active de sa présence sur Terre et utiliser le corps pour mener toutes sortes d'activités nécessaires à la concrétisation de son vouloir et de ses buts dans la matière dense.

Puis, après une vie plus ou moins longue, arrive le moment où le corps physique n'est plus en mesure d'abriter et de retenir l'esprit, et ce dernier le quitte. C'est ce que nous appelons la mort. L'esprit, quant à lui, continue d'exister dans l'au-delà, on peut dire que le corps «rend» l'âme aux plans de la matière subtile. On pourrait dire aussi qu'il la «libère», et l'expression serait juste.

Bien que certaines religions et traditions spirituelles enseignent que l'esprit est différent du corps physique, nombreux sont ceux qui de nos jours ne considèrent cette conception que comme une théorie ou une hypothèse auxquelles ils ne pourraient se rallier qu'à partir du moment où ils feraient eux-mêmes l'expérience qu'ils sont un esprit distinct du corps.

Existerait-il des faits qui montrent que nous sommes bien un esprit incarné dans un corps ? Oui, il en existe de nombreux qui appartiennent en partie à notre vécu.

Quelques faits montrant que l'esprit est distinct du corps

La liaison entre l'esprit et le corps n'est ni fixe ni rigide. Elle peut se relâcher pour se resserrer par la suite. Les variations d'intensité de la liaison nous sont perceptibles.

Certains jours, nous sommes «là» et bien dans notre peau, c'est-à-dire que l'esprit est bien relié au corps. Les deux pieds solidement campés sur terre, nous sommes capables de faire face aux différents obstacles et problèmes qui se présentent à nous, du fait de cette forte liaison entre l'esprit et le corps. Parfois, par contre, nous nous sentons un peu absents, pas vraiment là. Notre entourage dira de nous que nous sommes dans la lune, dans les nuages ou encore que nous «planons». Dans ce cas, la liaison entre l'esprit et le corps est légèrement distendue, et notre esprit flotte à quelque distance des réalités terrestres. Il n'arrive pas à faire correctement face aux situations auxquelles il est confronté. Il est vite dépassé, réagit lentement et peu efficacement.

Bien que notre corps ne change pas de poids d'une minute à l'autre, selon les circonstances, il peut être ressenti comme plus léger ou plus lourd par l'esprit. Lorsqu'une bonne nouvelle nous est annoncée ou que la tournure des événements nous réjouit tout particulièrement, nous nous sentons tout à coup très légers, alors que si un échec ou un événement douloureux nous atteint nous nous sentons brusquement plus lourds. Notre corps n'a pas changé de poids en si peu de temps, mais le plus ou moins grand rayonnement de l'esprit en fonction des circonstances, nous le fait ressentir comme léger quand nous rayonnons et sommes pleins de force, et comme lourd dans le cas contraire.

La différence qui existe entre l'esprit et le corps est aussi mise en évidence lors de la vieillesse. Au cours de celle-ci, l'esprit ne vieillit pas parallèlement au corps, seul le corps vieillit. Certaines personnes âgées peuvent physiquement beaucoup s'affaiblir, décliner, voire devenir fortement limitées corporellement, alors qu'intérieurement, au niveau de leur esprit, elles restent éveillées, curieuses, chaleureuses et vives. Seul le fait que l'esprit et le corps sont distincts permet une telle chose.

Cette dualité se manifeste de même en début de vie. Le corps du nouveau-né est tout arrondi, mou, gauche, dépendant, mais l'esprit qui l'habite est déterminé et volontaire. Il est déjà parfaitement capable de faire comprendre avec force ses désirs et de manifester de manière incisive sa désapprobation, lorsqu'ils ne sont pas exaucés comme il le souhaite. Là aussi, il y a un contraste saisissant entre l'être intérieur et les caractéristiques de l'enveloppe qui l'abrite.

Cette dualité apparaît aussi lorsque nous tombons malades. Le corps prend une direction que nous, en tant qu'esprit, ne souhaitons pas qu'il prenne. Les douleurs et les souffrances de la maladie, l'esprit ne les veut pas mais elles s'imposent à lui, contre sa volonté, car lui et le corps sont deux choses bien distinctes.

Que se passe-t-il durant le sommeil ?

Pendant le sommeil, il se produit un relâchement de la liaison entre l'esprit et le corps. L'esprit se dissocie en partie de son enveloppe corporelle.

Bien que l'endormissement se fasse généralement en un instant, nous ressentons parfois, dans un demi-sommeil, la sensation de «partir», de quitter le corps, de nous envoler, avant de sombrer dans l'inconscience. De temps à autre, cet envol est accompagné d'un soubresaut corporel et d'un rêve de chute, qui témoignent du relâchement de la liaison.

Lors du réveil, l'esprit qui était légèrement dégagé du corps pendant le sommeil s'unit à nouveau à lui. Comme tout processus physiologique, ce processus prend un certain temps. Nous nous sentons peu à peu revenir sur Terre, et devenir plus conscients, car la liaison s'affermit de plus en plus et l'esprit maîtrise de mieux en mieux son instrument.

L'impression de rapprochement, c'est-à-dire de réintégration dans le corps, est spécialement nette lorsque nous sommes réveillés brusquement au milieu de la nuit par quelqu'un qui nous secoue. D'abord nous ne sommes que vaguement conscients que quelque chose se passe, mais sans savoir encore vraiment quoi. La liaison se raffermit cependant progressivement et nous devenons conscients que l'on nous secoue, mais sans pouvoir encore réagir.

Une réintégration un peu plus complète de l'esprit dans le corps nous permet alors de mouvoir nos membres, puis de nous exprimer.

Pour freiner ce réveil trop brusque qu'on lui impose, le dormeur s'exclame parfois : «Doucement, laisse-moi reprendre mes esprits !», traduisant ainsi intuitivement de manière parfaitement correcte le processus qui a lieu. L'esprit doit en effet être revenu dans le corps avant le réveil complet.

Pour certains voyants, le processus de l'incarnation est visible, tout comme celui de la désincarnation, à la mort, lorsque l'esprit se sépare du corps. Il ne s'agit évidemment pas d'expériences qui peuvent être vécues par tout un chacun, mais les témoignages de divers voyants corroborent et confirment ce qui a été dit jusqu'ici.

Mentionnons encore les expériences de NDE (Near Death Experiences en anglais ou expériences de mort approchée). Au cours de celles-ci, des personnes décédées à la suite d'un accident, d'une opération ou d'une maladie, sont ramenées à la vie grâce aux moyens techniques de réanimation que l'on possède de nos jours. Ces «morts» racontent qu'ils n'ont pas cessé d'exister, mais ont continué à vivre dans l'au-delà. Leur esprit a quitté leur corps. Comme l'aurait fait un spectateur, ils pouvaient voir leur corps étendu devant eux, sur le lieu de l'accident ou sur la table d'opération. Ces récits de décorporation ont été faits par des dizaines de milliers de personnes un peu partout dans le monde, confirmant chaque fois l'existence d'un esprit immatériel distinct du corps et la réalité du processus de l'incarnation.

L'incarnation étant maintenant définie, voyons ce qu'est la réincarnation.

Chapitre 2

La réincarnation

À la mort, lorsque le corps cesse de fonctionner, l'esprit quitte le corps physique et se retrouve sur le plan de la matière subtile, appelé aussi au-delà. En ce lieu, il continue à faire des expériences jusqu'à ce que son chemin évolutif le conduise à nouveau vers le plan terrestre. Pour séjourner sur ce dernier, il doit revêtir un nouveau corps de chair, autrement dit se réincarner.

Ainsi, il y a réincarnation lorsqu'un esprit qui s'était déjà incarné une fois, s'incarne une deuxième fois. Le terme de réincarnation est d'ailleurs utilisé pour toutes les incarnations qui suivent, c'est-à-dire aussi bien pour la 3e que pour la 10e ou la 50e.

Lors d'une réincarnation, l'esprit prend possession

d'un nouveau corps. Il réapprend à l'utiliser et à le diriger. Il repasse par les différents âges de la vie : enfance, adolescence, âge adulte et vieillesse, mais cette fois-ci avec un corps différent. Pour rester plus proches de la réalité, nous pouvons aussi dire cela différemment : lors d'une réincarnation, en tant qu'esprit, **nous** rentrons à nouveau dans un corps et réapprenons à l'utiliser – puisque c'est de **nous** qu'il s'agit.

À première vue, l'idée de réincarnation pourrait sembler un peu étrange et sortir de l'ordinaire. Elle n'est cependant que la répétition d'un processus d'incarnation qui a déjà eu lieu. Or, si «techniquement» un esprit peut s'incarner une fois dans un corps, pourquoi ne pourrait-il pas le faire une deuxième fois ou de nombreuses autres fois ? Techniquement rien ne s'y oppose.

Il est vrai que si l'être humain se représente qu'il a déjà vécu à des époques différentes, chaque fois dans d'autres familles et dans d'autres conditions sociales, cela peut lui sembler surprenant, étrange et déconcertant. Mais l'aspect incroyable de l'événement provient avant tout du fait que, ne se souvenant de rien, il s'imagine que ce n'est pas vraiment lui ou que c'est peut-être même quelqu'un d'autre qui a vécu à travers ces différentes incarnations. Or, c'était bien lui. D'une incarnation à l'autre, c'est toujours le même esprit qui est là et qui accumule des expériences ; elles sont vécues dans des corps différents mais également dans des situations historiques, sociales et familiales différentes. L'esprit reste cependant fondamentalement toujours lui-même, avec sa personnalité propre qui, évidemment, se modifie dans le temps en fonction des orientations qu'il prend et de la maturité qu'il acquiert.

De nombreux faits montrent qu'il en est bien ainsi, et que la réincarnation est une réalité, mais voyons d'abord les principaux arguments avancés pour essayer de prouver qu'elle n'est pas du domaine du possible.

L'objection du matérialiste

Est matérialiste celui qui considère que seul ce qui est matériel existe. Tout ce qui n'est pas visible, pesable, mesurable à ses yeux… est donc considéré par lui comme inexistant. Par conséquent, l'esprit immatériel ne pouvant pas être perçu, n'existe pas, et le centre de la conscience et de la personnalité est, pour lui, dans le cerveau. Il n'y a donc rien qui puisse s'incarner dans le corps physique, et à plus forte raison, qui pourrait s'y réincarner. La réincarnation est donc, selon son point de vue, du domaine de l'impossible.

Le rejet de l'existence de choses invisibles de la part du matérialiste, basé sur l'exigence qu'il veut voir pour croire, n'est pas défendable. Même les matérialistes reconnaissent l'existence de choses qu'ils n'ont jamais vues.

Par exemple, les électrons qui tournent autour du noyau de l'atome n'ont jamais été vus. La croyance en leur existence n'est que le résultat d'un raisonnement. Les matérialistes croient aussi à l'existence de la volonté de l'homme, à son intelligence et à sa capacité d'aimer son prochain, mais aucune de ces facultés n'a pourtant jamais été vue ni mesurée ou pesée.

Certes, bien qu'invisibles, les électrons ont une action qui peut être mesurée. Il est possible par exemple de constater les effets de leur déplacement dans un fil électrique.

C'est aussi le cas pour les effets de la volonté humaine ou pour l'amour du prochain.

Eux-mêmes ne sont pas visibles, mais leurs effets le sont. Or, n'est-il pas également possible de constater la présence de l'esprit humain dans le corps par les effets que sa présence et son action entraînent, et l'absence de ces effets lorsque l'esprit a quitté le corps, après la mort ?

L'objection génétique

Les tenants de cette approche considèrent que la réincarnation ne peut pas être une réalité, car l'esprit, si celui-ci existe, ne trouverait jamais un deuxième corps, identique au premier, dans lequel se réincarner.

Ils s'imaginent que lors du processus de la réincarnation le corps physique endossé par l'esprit à chaque incarnation doit toujours être exactement semblable au précédent pour que ce dernier puisse s'y incarner. Or, même dans le meilleur des cas, disent-ils, jamais la rencontre du matériel génétique d'un ovule et d'un spermatozoïde n'aboutira à la formation de deux corps identiques. Les connaissances en génétique et la loi des probabilités excluent une telle possibilité.

Dans cette approche, ils identifient totalement l'esprit au corps. Ce dernier est considéré comme si bien adapté à l'esprit qu'il doit nécessairement et toujours se présenter sous la même forme.

Le corps doit évidemment être adapté à l'esprit pour que celui-ci puisse y pénétrer et agir efficacement à travers lui.

L'esprit cependant n'est pas quelque chose aux caractéristiques fixes et immuables. À travers les expériences qu'il fait au cours de sa vie, il évolue et développe de nouvelles facultés, en consolide d'autres, acquiert des qualités... selon les décisions qu'il prend et sa volonté ou non de surmonter les obstacles qui se présentent à lui. Les caractéristiques de l'esprit se modifient donc au fur et à mesure de son évolution. Or, un esprit aux caractéristiques différentes a besoin d'un corps différent, adapté à ses nouvelles particularités.

Comme nous l'avons déjà vu, le corps n'est qu'un outil pour l'esprit. On peut le comparer à des habits qui doivent être adaptés à la stature et à la forme du corps de celui qui les portera, mais qui peuvent néanmoins être de coupe et de style différents, et malgré tout lui convenir. Il en va de même avec le corps physique. Il n'est pas l'esprit.

Il ne fait qu'habiller celui-ci lors de son séjour terrestre. Il peut donc être de «coupe et de style» un peu différents et être quand même tout à fait adapté à l'esprit pour que ce dernier puisse l'utiliser efficacement.

L'objection de l'Église

L'objection principale de l'Église est de dire que l'esprit n'a pas besoin d'un nouveau corps pour se réincarner, puisqu'il n'a pas besoin de se réincarner.

Pour l'Église, l'esprit et le corps forment un tout indivisible, une unité complète, qui continuera d'exister au paradis. D'après cette approche, l'identité de l'être humain est inséparable de son corps. L'être humain n'est pas une âme incarnée dans un corps, mais un corps animé par une âme. L'élément central est le corps, celui-ci est considéré comme un magnifique temple qui doit être habité et qui survivra pour l'éternité grâce à l'âme. L'âme d'ailleurs n'est créée qu'à partir du moment où le corps est présent.

Ici, un dogme religieux, prenant appui sur

l'interprétation de la Bible, affirme une chose qui est en contradiction avec la réalité naturelle, observable par tout un chacun. Tout le monde peut en effet constater qu'un cadavre se décompose et qu'un corps incinéré est réduit en cendres.

Que penser de cette contradiction ? Que faire dans une telle situation ? Faut-il croire à la réalité naturelle observable ou à l'interprétation s'appuyant sur la Bible ? Une partie des croyants affirment qu'il faut, contre l'évidence, croire à l'explication de la Bible, car cette dernière est la Parole de Dieu et que, par conséquent, ce qui y est dit est la vérité absolue.

Dans l'œuvre «Dans la Lumière de la Vérité, Message du Graal», Abd-ru-shin fait cependant remarquer qu'il ne peut pas y avoir de contradiction entre ce que Dieu dit et ce que Dieu fait. Ce que Dieu dit, c'est sa Parole, que certains pensent être fidèlement transmise dans la Bible. Ce qu'Il a fait, c'est la Création.

Il est le Créateur de la Création et par conséquent de la nature. C'est Lui qui a instauré les lois naturelles, entre autres celle qui fait qu'un corps physique, né de la terre, se décompose pour y retourner.

Sa Parole se trouve en partie contenue dans la Bible. En partie seulement, car de nombreuses transformations et erreurs s'y sont glissées, d'abord lors des transmissions orales de génération en génération, puis lors des transmissions écrites des copies et des traductions multiples qui se sont succédé pour en arriver au texte actuel.

Si le texte a été soumis à ces modifications continuelles, les lois de la nature, quant à elles, s'expriment toujours de manière semblable. Elles sont immuables et ne subissent jamais aucune modification.

En cas de doute sur une question, la base la plus sûre sur laquelle s'appuyer n'est donc pas un texte, même biblique, mais la nature créée par Dieu. Or, l'observation de celle-ci nous montre que le corps ne subsiste pas après la mort, mais se décompose. Il ne forme par conséquent pas un tout inséparable avec l'esprit. L'esprit subsiste et, s'il veut séjourner à nouveau sur Terre, il doit se réincarner dans un nouveau corps préparé à cet effet par la future mère.

Certains des faits que nous allons présenter suggèrent avec force que la réincarnation existe, et d'autres apportent des preuves irréfutables.

Faits en faveur de la réincarnation

Connaissances anciennes

Il est probablement arrivé à tout le monde de rencontrer quelqu'un pour la première fois et d'avoir immédiatement l'impression de le connaître depuis longtemps. Une entente profonde s'établit sans effort. Tout de suite le courant passe, on est en terrain familier. Chacun comprend parfaitement l'autre ; on semble être entre vieilles connaissances.

Comment explique-t-on une telle entente si ce n'est en supposant que les deux personnes se connaissaient déjà dans une autre vie et se retrouvent, mais sans pouvoir se reconnaître ?

Cette sensation toute particulière d'être en présence d'une connaissance ancienne, le poète allemand Johann Wolfgang von Goethe (1794-1832) l'a vécue avec Charlotte von Stein qui devint sa confidente.

Il l'exprima dans les vers suivants :

Dis, qu'est-ce que le destin nous a réservé
Dis, pourquoi nous a-t-il liés si étroitement ?
Ah ! tu as dû être dans les temps anciens
Ou ma sœur ou ma femme.

La passion particulière de certains enfants

Un autre fait parle en faveur de la réincarnation, c'est le cas des enfants qui, très tôt, manifestent un intérêt particulier pour une chose qui n'est pas usuelle dans leur famille.

Bien que ni les parents, ni les grands-parents ou les ancêtres, ni personne dans l'entourage proche, ne s'intéressent au domaine en question, l'enfant, lui, en est passionné.

Il est ainsi des enfants fortement attirés vers la mécanique, qui démontent et remontent tout ce qui tombe entre leurs mains. D'autres veulent jouer d'un instrument de musique précis, d'autres encore sont passionnés d'architecture et passent leur temps à dessiner des bâtiments et des monuments. Non seulement ces enfants débordent d'intérêt pour leur sujet, mais ils ont aussi un talent certain dans ce domaine précis.

Leur détermination les pousse, à un âge où l'on ne se préoccupe généralement pas du futur, à exprimer leur ferme intention de devenir mécanicien ou musicien... lorsqu'ils seront grands, et ils le deviennent effectivement dans bien des cas.

L'influence de l'environnement et celle de

l'hérédité n'entrant pas ici en ligne de compte, comment expliquer autrement les choses, si ce n'est par le fait que l'enfant a pratiqué son activité de prédilection dans une autre vie et apporté avec lui sa passion dans la vie présente.

Parmi les exemples célèbres, on compte le compositeur Friedrich Haendel (1865-1759), fils d'un barbier chirurgien. Il composait déjà à 10 ans des motets jugés dignes d'être chantés dans l'église de sa ville natale ; Franz Liszt (1811-1886), virtuose du piano, fils de l'intendant des domaines d'un prince, donnait ses premiers concerts à 9 ans ; Rembrandt (1606-1669), fils de meunier, dessinait à merveille bien avant de savoir lire ; et au 13e siècle, l'italien Giotto, berger et fils de berger, devint un des grands peintres de son époque.

L'impression de déjà-vu

Cette impression peut surgir chez quelqu'un qui visite une ville ou une région qui lui est inconnue. Bien qu'il s'y promène pour la première fois, il en reconnaît différents éléments, si bien qu'elle lui paraît très familière. Il a l'impression de l'avoir déjà vue, même s'il ne l'a jamais visitée auparavant, du moins dans cette vie.

En déambulant dans les rues, il ne sera pas surpris de voir tel ou tel monument ancien, car il le connaît. Il l'a déjà vu, il sait qu'il se trouve là. Il connaît son aspect, il ne fait que le redécouvrir.

La plongée dans ce passé redécouvert, dans ce savoir ancien brusquement remonté à la surface, permet même parfois à la personne de pressentir à l'avance ce qu'elle va trouver plus loin sur son chemin. Par exemple, qu'une grande place se trouve à l'arrière du bâtiment devant lequel elle se tient, et qui par conséquent lui en cache la vue ; que le hall du bâtiment, dans lequel elle n'est pas encore entrée, a telle ou telle disposition.

Cette impression de déjà-vu est différente d'un autre phénomène que l'on peut appeler sentiment de déjà-vu et de déjà-fait qui relève d'un dysfonctionnement du cerveau. Cette perception faussée de la réalité est décrite de la manière suivante par le philosophe Bergson : «Brusquement, tandis qu'on assiste à un spectacle ou qu'on prend part à un entretien, la conviction surgit qu'on a déjà vu ce qu'on voit, déjà entendu ce qu'on entend, déjà prononcé les phrases qu'on prononce – qu'on était là, à la même place, dans les mêmes dispositions, sentant, percevant, pensant et voulant les mêmes choses – enfin qu'on revit jusque dans les moindres détails quelques instants de sa vie passée.» (L'énergie spirituelle, éditions PUF, 1993)

Cette sensation d'évidence et d'inévitabilité de tout ce qui se passe résulte d'une superposition au niveau cérébral du souvenir du vécu et du vécu lui-même. Normalement, le souvenir vient toujours après le vécu, ici il est simultané. Cet état survient chez des personnes atteintes de maladies psychiques ou chez des drogués. Le phénomène peut également survenir dans une période d'épuisement ou à la suite d'un grand ébranlement intérieur. Il s'agit cependant d'une sensation différente de l'impression de déjà-vu dont il était question plus haut. D'une part, parce que l'événement qui fait l'objet des «souvenirs» appartient à la même vie, et d'autre part parce que c'est la totalité du vécu, c'est-à-dire pensées, paroles et actes, qui est ressenti comme déjà vécu, et pas seulement ce qui est vu.

Le poète Alphonse Lamartine (1790-1869) donne un témoignage surprenant d'impression de déjà-vu dans son livre «Voyage en Orient» : «Je n'avais, en Judée ni Bible ni voyage (guide) à la main ; personne pour me donner le nom des lieux et le nom antique des vallées et des montagnes ;

pourtant je reconnus tout de suite la vallée de Térébinthe et le champ de bataille de Saül. Quand nous fûmes au couvent, les Pères me confirmèrent l'exactitude de mes prévisions ; mes compagnons ne pouvaient le croire... Le lendemain, au pied d'une montagne aride, je reconnus le tombeau des Macchabées et je disais vrai sans le savoir. Excepté les vallées du Liban... je n'ai presque jamais rencontré en Judée un lieu ou une chose qui ne fût pour moi comme un souvenir. Avons-nous donc vécu deux fois ou mille fois ?»

Pour certains lecteurs, ce qui a été dit à propos du «sentiment de déjà-vu», qui est différent de «l'impression de déjà-vu», évoquera peut-être l'histoire de la madeleine de Proust (1871-1922). L'écrivain raconte comment le goût que lui procura un petit gâteau trempé dans son thé lorsqu'il était un jeune adulte, le replongea dans son enfance et fit surgir en lui mille souvenirs de ce temps heureux où on lui donnait pour ses goûters une madeleine dont il se délectait après l'avoir plongée dans son thé. Le processus est très similaire à l'impression du déjà-vu, mais il s'en distingue par le fait que ce dont il se souvient a eu lieu dans la même vie.

À propos de l'impression de déjà-vu, il faut signaler que lors de la rédaction d'une biographie, certains écrivains se plongent si complètement et si intensément dans l'époque où vivait le personnage qui fait l'objet de la biographie, qu'ils finissent par croire qu'ils la voient réellement, qu'ils peuvent visiter les lieux qu'ils décrivent et participer aux événements qui s'y sont déroulés. Ils se retrouvent dans un autre siècle et s'y sentent parfaitement à l'aise. Ils s'y déplacent avec facilité et sûreté. La connaissance profonde qu'ils acquièrent de l'époque donne une vie et une authenticité à leur récit, même jusque dans les petits détails, qui dépassent tout ce qu'une étude livresque aurait pu fournir.

Il se pourrait ainsi que certaines de ces biographies qui se distinguent nettement des autres par leur authenticité et leur puissance aient été écrites par des gens qui ont vécu à l'époque en question, qui étaient dans le proche entourage du héros, ou ce héros lui-même, et ne font que retranscrire des souvenirs enfouis en eux.

Témoignages de voyants

Certains voyants sont capables de décrire la vie antérieure de la personne qui les consulte. L'un d'eux, mondialement connu pour cette faculté, fut l'américain Edgar Cayce (1877-1945). Il débuta sa carrière en donnant des conseils de santé. Bien que n'étant pas médecin, après être entré en état de transe, il voyait quel traitement, quelle cure ou diète le malade devait suivre pour guérir. Les conseils obtenus par ce procédé inhabituel étaient très efficaces, et bien des malades retrouvèrent la santé grâce à lui.

Lorsque Edgar Cayce était en transe, il n'était pas conscient de ce qu'il disait. Il ne s'en souvenait pas non plus au réveil. Il pouvait néanmoins en prendre connaissance car tous ses propos étaient transcrits par quelqu'un de son entourage. Il existe plus de 14 000 de ces transcriptions.

Après une vingtaine d'années de consultations purement médicales, quelqu'un lui suggéra d'aller plus loin et d'aider les malades en leur révélant également la cause de leur maladie. Désormais, les informations que donna Edgar Cayce comportèrent aussi des indications sur les causes profondes des troubles. Ces causes remontaient parfois à la vie présente du malade, mais dans d'autres cas à la vie précédente, ou même à plusieurs vies avant. La relation de cause à effet entre les actes passés et la maladie présente était établie clairement, et le sens de la maladie se présentait dans toute sa logique. Par exemple, un jeune homme qui souffrait depuis son enfance d'une anémie persistante avait suivi toutes sortes de traitements, mais sans succès. De quoi provenait sa difficulté à guérir ? Edgar Cayce en état de transe révéla que cinq incarnations auparavant, le jeune homme avait pris par la force le pouvoir dans son pays d'alors, et en était devenu le maître. Mais «beaucoup de sang fut répandu, d'où l'anémie actuelle», ajouta-t-il.

Dans ce cas précis, l'anémie était due au comportement cruel du malade. Il serait cependant totalement erroné d'en conclure que toutes les personnes anémiques le sont pour la même raison. Des causes très nombreuses et variées, spirituelles et physiques, peuvent être à l'origine de l'anémie, et toute systématisation serait une grave erreur. Dans le cas cité, la cause de l'anémie avait été le comportement guerrier, et le savoir ne pouvait tout au plus qu'aider le malade lui-même, et éventuellement son proche entourage.

Edgar Cayce appartenait à une communauté religieuse qui ne croyait pas à la réincarnation et qui tenait une telle croyance pour erronée. Quelle ne fut donc pas sa surprise et son désarroi, lorsqu'il découvrit, en lisant les comptes-rendus, que ses propos authentifiaient la réincarnation. Il en fut très choqué et peiné. Avec le temps, et devant la logique des relations de cause à effet, il finit cependant par admettre que les faits validaient l'hypothèse de la réincarnation.

Si la voyance est un élément de plus qui peut nous amener à penser que la réincarnation est une réalité, elle n'est cependant pas une preuve absolue. En effet, un détracteur de la réincarnation pourrait toujours mettre en doute que le voyant a vraiment vu ce qu'il décrit, qu'il s'agit véritablement d'une vie antérieure et que celle-ci correspond bien à la personne en question.

Pour être en possession d'une preuve tangible et irréfutable, il faudrait que les informations concernant la personnalité de la vie antérieure soient suffisamment précises et vérifiables. Par exemple, qu'elles donnent son ancien nom, l'époque approximative où elle vivait, la localité où elle habitait et diverses informations sur son statut social et sa profession. Il faudrait également que ces informations puissent être vérifiées dans les archives et les registres de son ancien lieu de domicile ou dans les journaux de l'époque. Ainsi, les informations obtenues par la voyance pourraient être concrètement vérifiées, de manière tout à fait conventionnelle. De cette façon, elles ne resteraient pas de simples possibilités mais deviendraient des preuves, telles qu'on ne pourrait en trouver de meilleures.

Des vérifications de ce genre ont-elles déjà pu être effectuées ? Oui, du temps même d'Edgar Cayce, mais les plus connues sont celles qui furent effectuées par Ian Stevenson. Ce chercheur américain a vérifié les témoignages de nombreux enfants qui se souvenaient de leur vie antérieure. (Lire à ce propos, «Les enfants qui se souviennent de leurs vies antérieures», Ian Stevenson, Éditions Sand)

Les enfants qui gardent le souvenir de leur vie antérieure

Un peu partout dans le monde, il existe des cas d'enfants en bas âge qui racontent à leurs parents qu'ils ont déjà vécu dans une vie antérieure. Ils le font avec tant de détails qu'il a été possible de vérifier si leurs dires correspondaient à la réalité. Voici quel est le schéma type de ces récits : Dès qu'il est en âge de parler, vers 2 ou 3 ans, l'enfant dit à ses parents ébahis qu'il a déjà vécu ailleurs, à une autre époque et sous un autre nom et, bien sûr, avec d'autres parents. Parfois, il refuse qu'on l'appelle par son prénom actuel et veut qu'on utilise l'ancien. Il décrit son ancienne maison, parle des différents membres de sa famille d'alors, en précisant la profession de certains, ou des faits particuliers de leur vie. Il relate également des événements marquants ayant touché la famille ou la communauté dans laquelle il vivait.

Étant donné que les récits se répètent et que l'enfant manifeste le désir de se rendre dans la ville où il dit avoir vécu, ses parents finissent souvent par céder à son désir, afin de vérifier si le personnage qu'il prétend avoir été y a effectivement vécu.

Sur place, l'enfant est souvent capable de guider ses parents vers son ancien domicile et reconnaît les différentes pièces de celui-ci. Il reconnaît aussi les différents membres de la famille encore présents ou montrés en photo. Ses dires, ses comptes rendus d'événements passés, ses descriptions du caractère de sa parenté et de certains voisins sont confirmés par ses anciens parents (s'ils sont encore vivants) ou par des membres de la famille, prouvant ainsi que c'était bien lui qui vivait à l'époque dans la famille en question.

Pour illustrer notre propos, prenons l'exemple du petit indien Parmod Sharma. À l'âge de 2 ans, il dit à sa mère qu'elle n'a pas besoin de lui préparer à manger, puisque sa femme peut le faire pour lui. Dès 3 ans, il raconte qu'il était le propriétaire d'un magasin d'eau gazeuse et de biscuits dans la ville de Moradaba. Il avait plusieurs frères et il est décédé à la suite d'une intoxication alimentaire causée par l'absorption de lait caillé.

Son père l'emmène en train, à l'âge de 5 ans, dans la ville de Moradaba où il a vécu jadis. Depuis la gare, le petit Sharma dirige le conducteur de taxi jusqu'au magasin qu'il possédait autrefois. Là, il entre dans une grande colère parce que son tabouret n'est plus à sa place. La coutume locale voulait en effet que le tabouret du propriétaire soit toujours placé devant le magasin, mais après le décès, il avait été enlevé. Dans le but de mettre à l'épreuve sa prétention à être l'ancien propriétaire des lieux, la machine à gazéifier l'eau est mise volontairement en panne. Malgré la complexité des manœuvres nécessaires, le petit Parmod Sharma répare la machine en très peu de temps comme seul quelqu'un qui la connaissait déjà pouvait le faire. Confronté à son ancienne famille, il reconnaît ses enfants d'alors et leur demande de l'appeler papa comme s'il était encore leur père. Il rencontre la femme qu'il avait à l'époque, et il se fâche dès qu'il la voit, parce qu'elle ne porte plus les signes de son deuil. Vérification faite avec la famille, à l'époque il avait effectivement plusieurs frères et il était en effet décédé à la suite d'une infection intestinale causée par du lait caillé avarié.

Ian Stevenson, qui a effectué plus de 2500 enquêtes sur de tels enfants, met en évidence qu'elles apportent deux sortes de preuves. D'une part, un certain nombre de faits, de noms et d'événements qui peuvent se vérifier et qui se révèlent exacts. D'autre part, les comportements personnels. Dans le cas de Parmod Sharma, son attitude envers ses enfants, son agacement face au déplacement de son siège et sa colère envers sa femme.

Si les premières preuves sont déjà déterminantes (puisqu'elles confirment les dires de l'enfant, exprimés avant la visite), les deuxièmes sont encore plus convaincantes. En effet, les premières pourraient avoir été apprises, bien que Stevenson ait rigoureusement contrôlé que cela ne puisse pas être le cas. Mais que l'enfant se comporte comme la personnalité antérieure, qu'il soit émotionnellement remué comme elle seule pourrait l'être, ne peut être simulé et témoigne que l'enfant est vraiment celui qu'il dit avoir été.

Ces enquêtes montrent à l'évidence qu'il y a identité de personnalité et de caractère entre l'enfant actuel et l'adulte d'autrefois. Le même esprit a vécu dans les deux vies. En passant de l'une à l'autre, il a endossé un autre corps, mais son vécu est resté en lui, c'est-à-dire dans son esprit, d'où la possibilité d'en faire part à son entourage.

Il en est de même pour chacun de nous, nos vécus antérieurs demeurent en nous, la seule différence avec ces enfants est que nous ne nous en souvenons plus.

L'histoire de Jenny Cockell

Le cas de cette femme anglaise est similaire à celui des enfants cités plus haut, excepté que ses souvenirs demeurent en elle jusqu'à l'âge adulte, alors que chez les enfants mentionnés ils disparaissent en général entre 5 et 8 ans. De plus, elle vérifie elle-même les souvenirs qu'elle a gardés de sa vie antérieure.

Depuis son enfance, Jenny Cockell (voir son livre «Mes enfants d'une autre vie», Éditions J'ai lu), née en 1954, en Angleterre, voit monter en elle des images de la vie d'une femme irlandaise du nom de Mary, ayant vécu dans le village de Malahide.

Cette vie n'a rien de rose : l'époux de Mary est alcoolique, il la bat et dépense dans la boisson le peu d'argent qu'il gagne. Mary a beaucoup de peine à nourrir sa nombreuse famille. Elle a eu sept enfants dont plusieurs sont morts en bas âge.

Un épisode particulièrement dramatique fait régulièrement surface dans la conscience de Jenny : la mort de Mary à la suite de son huitième accouchement, et sa lutte désespérée pour survivre afin de ne pas laisser ses enfants derrière elle, seuls, sans protection.

Au fils des années, les images se répètent et se complètent comme les différentes pièces d'un puzzle. Jenny se sent si intimement liée à l'histoire de Mary, qu'elle se rend finalement compte que Mary et elle sont une seule et même personne.

Vers 1989, à l'âge de 35 ans, le sentiment de culpabilité face à l'abandon des enfants est si grand que, n'y tenant plus, Jenny décide d'aller à la recherche de ses enfants d'alors. Après bien des difficultés, elle se rend enfin dans le village où elle habitait à l'époque. Sa maison est en ruine et ses enfants, s'ils vivent encore, ne s'y trouvent plus, ayant été placés dans différents orphelinats. Elle effectue des recherches qui lui permettent enfin d'entrer en contact avec l'aîné de ses fils. Leur rencontre a lieu en 1996, Jenny a 42 ans, son fils Sony en a 71 !

Il avait 13 ans lorsque sa mère était décédée. Il a conservé de nombreux souvenirs de sa mère et des événements de l'époque. En échangeant avec son fils, Jenny se voit confirmer l'exactitude de nombreux souvenirs qui lui étaient revenus durant tout le début de sa vie présente et qui attestent qu'elle était bien Mary. Ici également, deux genres de preuves témoignent de la réalité de cette réincarnation. D'une part, des preuves factuelles : nom de son village, prénom des enfants… qui lui permirent de retrouver son ancienne habitation et sa descendance. D'autre part, des preuves comportementales : Jenny est rongée par le même sentiment de culpabilité que Mary. Le vécu de la vie précédente subsiste encore dans la suivante. Le même esprit est l'acteur principal dans les deux vies. De plus, la profonde entente de Mary avec son fils Sony persiste encore lorsqu'elle le retrouve. Le laps de temps qui sépare la mort de Mary et la naissance de Jenny est court : 16 ans. Dans le cas des enfants étudiés par Stevenson, ce temps est encore plus court : en moyenne moins de 3 ans. Cela signifie-t-il que le temps qui sépare deux incarnations est toujours aussi bref, autrement dit que le temps passé dans l'au-delà est nettement inférieur à celui passé sur Terre ? Au contraire, comme nous le verrons plus tard, le temps passé dans l'au-delà représente la majeure partie de l'existence, celui passé sur Terre constitue des périodes plus courtes, mais de grande importance.

Dans les cas mentionnés plus haut, la brièveté des séjours dans l'au-delà est dû au fait que les personnes ont le plus souvent terminé leur précédente incarnation de manière soudaine et prématurée. Mary décède d'une infection après son accouchement. Plus de 60% des enfants étudiéès par Stevenson sont morts de manière violente, à cause d'un meurtre, d'un accident ou d'une grave maladie. On est en présence de vies inachevées, l'apprentissage qu'aurait permis l'incarnation a été brusquement interrompu, d'où la nécessité de revenir rapidement sur Terre.

Les personnes qui se souviennent de leur vie précédente, aussi bien pour les cas étudiés par Stevenson que pour celui de Mary, ont vécu au 20e siècle. On ne connaît que très peu de cas similaires dans un passé plus lointain. Est-ce à dire que les êtres humains ayant vécu avant notre époque étaient totalement démunis de preuves pour admettre la réincarnation ? Non, il existe d'autres voies pour se convaincre de sa réalité. L'une d'entre elles a pour point de départ une réflexion sur le paradoxe apparent entre l'inégalité des naissances et un Dieu juste et bon.

La question de l'inégalité des naissances

Depuis les temps les plus reculés, l'être humain se demande comment il se fait que certains enfants naissent en bonne santé, vifs et habiles, dans un milieu aisé et chaleureux alors que d'autres viennent au monde malades, diminués physiquement ou psychiquement, pauvres et dépourvus d'affection.

D'où viennent ces inégalités ? Pourquoi Dieu les tolère-t-Il ? Qu'est-ce qu'un enfant souffrant d'une maladie grave et mourant en bas âge, par exemple, a pu semer dans sa courte vie pour mériter les souffrances de la maladie ?

En parlant de maladie méritée ou non, on fait indirectement allusion à la loi des semailles et des récoltes dont l'activité interpénètre tout, et que Jésus enseigna. L'énoncé de cette loi est généralement formulé en quelques mots : «Ce que tu sèmes, tu le récolteras». D'après cette loi, les actes, les paroles et les pensées, sont des semailles que l'être humain doit récolter par la suite.

Face à la question de l'inégalité des naissances, beaucoup de gens se demandent ce qu'un enfant mourant en bas âge de maladie a bien pu faire de si grave pour récolter une telle vie de douleur, puisqu'il est si jeune et qu'il a vécu si peu de temps. Ils en concluent alors que ces enfants n'ont pas semé la cause de leur mal et que Dieu a voulu cette souffrance. Ce raisonnement les amène ensuite à penser que Dieu n'est pas juste, puisque l'enfant n'a pas mérité ce qu'il récolte, et qu'Il est de plus sans amour, puisqu'Il fait souffrir un innocent.

La conception d'un Dieu injuste et sans amour

à laquelle on aboutit choque cependant le bon sens. Elle est en contradiction avec ce que le croyant ressent au fond de lui comme étant la divinité. Il se retrouve ainsi en proie à l'incompréhension et au doute, ce qui le fait parfois abandonner sa croyance en Dieu.

Il y a cependant un moyen de sortir de cette contradiction. Abd-ru-shin donne un conseil précieux pour voir clair dans des situations comme celle-ci, en apparence inextricables. Ce conseil nous donne une base des plus solides sur laquelle appuyer nos réflexions.

Il est le suivant : «Faites à Dieu l'honneur de la perfection ! Vous trouverez alors la clé des énigmes non résolues se rapportant à tout ce qui est.» (Message du Graal, tome 1, conférence 20)

Dieu est parfait et Il est également Amour et Justice. Les lois qui émanent de lui, entre autres celle des semailles et des récoltes, sont donc parfaites elles aussi. Elles agissent sans arbitraire ni exception aucune. L'enfant qui meurt en bas âge d'une maladie grave a lui-même semé ce qui lui fait vivre la maladie qui l'atteint.

Ce qu'il a semé a nécessairement été semé avant la récolte, c'est-à-dire avant sa maladie. Or, si la semaille ne s'est pas faite pendant sa courte vie actuelle, quand a-t-elle eu lieu ? Si l'on ne veut pas nier l'immuabilité de la loi qui découle de la perfection de Dieu, il faut admettre la seule solution possible, à savoir que les semailles ont forcément été effectuées avant cette vie… dans une vie antérieure et donc que la réincarnation est une réalité.

Seul le fait de nier ou de ne pas prendre en considération la réalité de la réincarnation empêche de trouver la solution de l'énigme. En écartant la possibilité que l'enfant ait semé ce qu'il doit vivre dans une vie antérieure, on se contraint à ne rien comprendre et, finalement, à nier l'existence et la perfection de Dieu. Mais à l'inverse, sitôt que la réincarnation est prise en compte, la solution de l'énigme apparaît dans toute sa simplicité, et Dieu dans toute sa Justice et son Amour.

Dieu est Justice, car, par ses semailles antérieures, l'enfant, c'est-à-dire l'esprit dans le corps de l'enfant, est à l'origine de la récolte. Et Dieu est Amour, car bien que l'esprit ait commis une erreur en semant une chose en disharmonie avec les lois de la Création, Il lui permet de la réparer en se réincarnant.

L'esprit en question n'est pas nécessairement

mauvais ou n'a pas forcément fait quelque chose de grave, mais il a besoin de vivre cette situation pour prendre conscience de la portée de son erreur, afin de s'en débarrasser.

Une réflexion approfondie et objective de la question de l'inégalité des naissances amène donc également à la conviction que la réincarnation est une réalité.

Chapitre 3

Pourquoi se réincarne-t-on ?

Lorsqu'on a admis que la réincarnation est une réalité, se pose alors la question de son rôle et de son utilité.

À quoi sert la réincarnation ? Qu'apporte-t-elle de plus à l'être humain que la première incarnation ? Ne pourrait-on pas s'en passer ? Est-il vraiment indispensable de revenir sur Terre ? Une vie ne suffirait-elle pas ?

Avant de chercher quel est le sens d'une réincarnation, il nous faut d'abord voir quel est le sens d'une incarnation tout court, autrement dit, le sens de la première incarnation. Cela revient à chercher quel est le sens de la vie. Que fait l'être humain sur Terre ? A-t-il quelque chose de spécial à y effectuer ? Quel est le sens de son passage ?

Ce passage a-t-il d'ailleurs vraiment un sens, ou est-il le fruit du hasard ?

Différentes conceptions existent à ce sujet, selon que l'on a une approche matérialiste, religieuse ou spirituelle.

Approche matérialiste du sens de la vie

Comme nous l'avons déjà vu, le matérialiste est quelqu'un qui pense qu'en dehors de la matière visible et mesurable, il n'y a rien d'autre. L'existence de l'être humain débuterait donc à partir de la conception, lorsque le spermatozoïde rejoint l'ovule et que le futur corps humain commence à se former. Le moment exact où commence la vie est une question encore non résolue pour le matérialiste.

Une chose est cependant certaine pour lui, avant la conception nous ne sommes encore rien. La vie et la conscience surgissent ou résultent de l'assemblage des cellules et du fonctionnement des organes. Elles durent jusqu'à ce que le corps s'arrête de fonctionner et meure.

La personnalité disparaît alors et, d'un seul coup, il n'y a plus rien.

D'après cette conception, l'être humain sort du néant et, après le court laps de temps d'une vie terrestre, y retourne pour l'éternité. Il est d'ailleurs erroné de personnaliser et de dire qu'«il» sort du néant et qu'«il» y retourne, car il n'y a pas plus de «il» avant la conception qu'après la mort.

Quel peut bien être le sens de la vie de l'être humain dans cette approche ? Il n'y en a pas, car il n'y a pas de Créateur extérieur à la matière (celui-ci devrait alors être immatériel, ce que le matérialiste n'accepte pas comme étant possible) qui aurait voulu que les choses se passent d'une manière déterminée et, par là, aurait donné un but et un sens à la vie.

Pour le matérialiste, c'est le hasard qui dirige les choses. On ne sait pas pourquoi la vie surgit. Le hasard ne prévoyant pas, et n'ayant pas de but, il n'a pas non plus donné un sens à l'existence.

Le seul sens que le matérialiste reconnaîtrait à la vie est celui que l'être humain lui donnerait, en déterminant certains idéaux à atteindre ou en respectant un certain ordre et des lois jugées par lui comme dignes d'élever le niveau de l'homme et l'harmonie de la société.

L'approche religieuse

Pour l'Église, notre existence d'être humain débute avec cette vie. Il n'y a pas de préexistence des âmes, autrement dit l'esprit n'existe pas avant la conception. Il est spécialement créé pour le corps qu'il anime. À la mort, le corps «repose en paix» dans la tombe. Ce repos dure extrêmement longtemps puisqu'il dure jusqu'à la fin des temps, jusqu'au moment où l'esprit se présentera pour le Jugement dernier.

Toujours selon l'Église, le jugement a pour fonction de déterminer si l'esprit a suffisamment développé sa foi en Dieu et son amour du prochain pour être autorisé à remonter au paradis, où il pourra vivre désormais bienheureux éternellement. Dans le cas contraire, il sera rejeté en enfer, où il restera pour l'éternité.

Le sens de la vie réside donc avant tout dans l'acquisition de la foi et l'accomplissement d'actes bons. Il importe peu que la durée dont on dispose à cette fin soit inégale pour les êtres humains – certains meurent en effet en bas âge et d'autres très vieux – et que les possibilités d'évoluer soient elles aussi inégales, puisque certains naissent sains et doués de raison et d'autres handicapés ou déficients mentaux. Le fait d'être sauvé est avant tout déterminé par une chose extérieure à l'homme et sur laquelle il n'a aucune influence : la grâce divine.

L'approche spirituelle

Pour les tenants de l'approche spirituelle, l'esprit préexiste au corps. Cela s'explique par le fait qu'étant originaire du plan spirituel, l'esprit existe en tant que tel, bien avant qu'il n'effectue sa descente d'un plan de la matière subtile à l'autre, pour finalement s'incarner sur le plan terrestre.

Du corps de matière dense ne peut émaner le spirituel, puisque la matière dense ne contient pas les substances ou les matériaux nécessaires à la formation de l'esprit. Ces matériaux se trouvent sur le plan spirituel. Par conséquent, l'esprit n'émane pas du corps, il n'est pas non plus créé en même temps que lui, il lui préexiste.

Dans l'œuvre «Dans la Lumière de la Vérité», Message du Graal, il est précisé que l'esprit ne débute pas son existence avec des facultés déjà pleinement épanouies, mais sous forme de «germe d'esprit inconscient». Cela signifie qu'il possède en lui toutes sortes de potentialités mais que celles-ci doivent s'épanouir avant de devenir effectives. Et de même qu'un grain de blé contient en lui, en puissance, la possibilité de devenir un épi chargé de grains, mais ne le devient que lorsque ce grain est mis en terre, de même le germe d'esprit n'épanouit ses facultés que lorsqu'il est mis en terre, autrement dit lorsqu'il descend dans les plans matériels de la Création. En effet, face aux influences provenant de l'environnement plus dense et plus rude de son nouveau milieu, le germe d'esprit réagit et commence à développer les facultés qu'il porte en lui.

Le germe d'esprit débute donc son existence dans un état d'inconscience dont il ne sort que progressivement pour devenir de plus en plus conscient.

Le but de l'existence est de passer du stade de germe d'esprit inconscient à celui d'esprit conscient, puis, but suprême, au stade d'esprit autoconscient. L'autoconscience est le stade dans lequel l'esprit n'est pas seulement conscient de ce qu'il est en train de faire, mais également, comme le dit le mot, conscient de lui-même en tant qu'individualité et, par là, des effets qu'auront ses décisions et actions. L'acquisition de l'auto-conscience et son utilisation dans le sens des lois de la Création permet alors à l'esprit de retourner au paradis pour y séjourner éternellement. Le laps de temps imparti à l'esprit pour acquérir l'auto-conscience n'est cependant pas illimité. Certaines civilisations avaient déjà connaissance que le délai fixé pour leur évolution était limité dans le temps et qu'un jour il prendrait fin, le jour du Jugement dernier.

L'apprentissage de l'esprit débute donc au sortir du plan spirituel, dès qu'il descend sur le plan le plus élevé de la matière subtile. Après avoir fait les expériences qu'il devait faire sur ce premier plan, il descend sur celui qui se trouve juste en dessous. Là aussi, il vit et fait des expériences qui le font mûrir, jusqu'au moment où il est prêt à descendre sur le plan suivant de la matière subtile.

Le processus se répète jusqu'à ce qu'il arrive sur le plan le plus bas de la matière subtile. Il pénètre ensuite sur le plan terrestre en s'incarnant dans un corps de chair et de sang. Dans cet environnement encore plus dense et plus lourd que celui qu'il vient de quitter, l'esprit continue de faire des expériences qui lui permettent de développer ses facultés. À la fin de la vie terrestre, le corps physique meurt et l'esprit s'en sépare pour regagner la matière subtile, aussi appelée au-delà. Là, il séjourne sur différents plans en fonction de ses affinités et des nécessités de son évolution. Sur ces plans, il doit vivre les expériences de ce qu'il s'est lui-même tissé. Ensuite, selon les besoins de son apprentissage, et en fonction des fils karmiques qu'il lui reste à dénouer, il quitte l'au-delà pour se réincarner sur Terre.

Les séjours sur les différents plans de la matière subtile sont comme des vies en soi, car à chaque fois l'esprit se retrouve conscient et actif dans un nouvel environnement et entouré d'autres esprits. Si l'on additionne les séjours dans l'au-delà, leur durée est bien plus longue que celle des séjours sur le plan terrestre. Ainsi, l'esprit humain passe beaucoup plus de temps dans l'au-delà que sur Terre.

Pourquoi plusieurs vies ?

Face à l'approche de l'Église qui considère que l'on n'a qu'une seule vie, on ne peut s'empêcher de se demander, d'une part s'il est possible de développer suffisamment de bon en soi, c'est-à-dire les facultés qui reposent dans l'esprit, dans le court laps de temps d'une vie terrestre, et, d'autre part, s'il y a si peu à apprendre que l'on puisse l'acquérir en entier en une seule vie.

La réponse à ces questions est clairement non. Il y a beaucoup à apprendre de la vie. Le développement des qualités de cœur comme le respect, la grandeur d'âme, la compassion, l'amour du prochain ne se fait pas subitement, mais progressivement à travers de nombreuses expériences vécues.

S'il ne fallait acquérir que des connaissances intellectuelles, l'apprentissage serait beaucoup plus rapide. Apprendre avec son cerveau ne prend pas tellement de temps. Il est possible d'intégrer une masse impressionnante de choses en quelques années… nous l'avons tous fait à l'école. Histoire, géographie, botanique, langues, physique, chimie, etc. sont autant de domaines d'étude différents avec chacun leur multitude de faits, d'éléments et de détails. Apprendre intellectuellement consiste avant tout à stocker des informations et à savoir les restituer à la demande. Ce sont des connaissances extérieures, neutres, qui n'exigent pas une adhésion du cœur pour être assimilées.

Les connaissances que l'esprit doit acquérir sont d'un tout autre genre. Elles sont des facultés qu'il doit développer. La vigilance, la persévérance, le courage, l'amour du prochain ne peuvent être appris en classe, en quelques leçons, ou dans un livre. C'est en vivant de nombreuses situations qui exigent de nous de cultiver ces qualités... que ces facultés se développent, s'affermissent et s'ancrent en nous, pour devenir ainsi notre bien propre. Cela prend nécessairement du temps.

Une vie est-elle suffisante ? Notre propre expérience nous montre que non.

Combien de fois nous exclamons-nous tout surpris et un peu désespérés : «Pourquoi ai-je mis si longtemps à comprendre cette leçon de la vie ?» ou «J'ai dû attendre d'avoir 50 ans (ou tout autre âge) pour enfin comprendre que...».

Une vie est donc trop courte, il nous en faut nécessairement plusieurs et c'est l'une des raisons pour lesquelles nous nous réincarnons de multiples fois.

Un autre élément clé, pour lequel nous avons besoin de revenir plusieurs fois sur Terre, est le dénouement des fils karmiques que nous avons tissés au cours de nos différentes pérégrinations.

Combien de fois l'esprit se réincarne-t-il ?

Certaines personnes affirment que tous les êtres humains se réincarnent exactement le même nombre de fois. L'existence d'un nombre préétabli de réincarnations par lesquelles l'esprit devrait passer est cependant en contradiction avec la logique du processus évolutif.

L'esprit humain se réincarne en fonction de la manière dont il développe ses facultés. Le nombre des réincarnations est donc déterminé par ses besoins évolutifs personnels. Ceux-ci varient forcément d'un esprit à l'autre, puisque la façon dont chacun apprend dépend de lui, elle est le résultat de ses décisions et de ses efforts. Certains esprits ont un ferme vouloir de faire le bien, ils tirent plus rapidement les leçons de la vie que ceux qui n'ont qu'un vouloir modéré d'avancer et, à plus forte raison, que ceux qui n'y voient aucune nécessité impérative. Ils s'incarneront donc moins souvent que ces derniers. Le nombre de réincarnations nécessaires à chacun est forcément différent.

Diverses traditions orientales affirment quant à elles que le cycle des réincarnations ne prend jamais fin, et qu'il durera éternellement. L'esprit passe son existence dans un va-et-vient constant entre l'au-delà et la Terre, sans aucune possibilité d'échapper à ce cycle.

Cette répétition sans fin des réincarnations est elle aussi en opposition avec la logique du processus évolutif de l'esprit humain. L'esprit est originaire du plan spirituel, qui est sa vraie patrie. Il est par conséquent un étranger sur Terre et dans la matière subtile. Le but de sa venue dans la matière n'est pas d'y rester, mais de devenir autoconscient en développant ses facultés par les expériences qu'il fait, et de retourner ensuite sur le plan spirituel. En effet, seul un germe d'esprit qui a développé ses facultés spirituelles et qui est devenu autoconscient pour constamment agir dans le sens du bien, du juste et du bon est autorisé à retourner au paradis où tout vibre dans le bien, le juste et le bon.

Le temps imparti pour l'apprentissage de l'esprit n'est pas sans limite. Cette limite n'est cependant pas fixée arbitrairement. Elle est déterminée par des conditions extérieures à l'esprit : la maturité de la matière. Cette dernière n'a pas toujours été dans l'état où elle se trouve actuellement. Elle évolue.

Les matières dense et subtile parcourent un cycle bien précis qui se renouvelle sans cesse. Ce cycle comprend la formation, la croissance, la maturation, la fructification, puis la décomposition. Retournant à leurs constituants d'origine, elles sont ainsi prêtes à recommencer un nouveau cycle. Cela est facilement observable à petite échelle. Des minéraux s'agglomèrent pour former des roches qui, attaquées par l'érosion, se désagrègent en minéraux isolés. Des substances diverses s'assemblent pour former une plante, qui croît, s'épanouit, porte des fruits, puis meurt et se décompose. Les corps animaux et humains passent également par ce même cycle.

La matière dans son ensemble, c'est-à-dire aussi bien la matière dense que subtile, finira par conséquent par se décomposer un jour. Elle n'offrira alors plus un lieu de séjour à l'esprit humain. Ce dernier devra l'avoir quittée d'ici là. Or, quitter la matière, seul peut le faire l'esprit qui a suffisamment développé ses facultés et qui sera libre de tout lien karmique. En pénétrant dans le paradis, il échappera au cycle auquel la matière est soumise. Les esprits qui ne le pourront pas seront emportés avec elle dans la décomposition, ce que la Bible appelle la seconde mort.

Il y a donc un moment décisif, un point de

non-retour, à partir duquel l'esprit doit avoir suffisamment évolué et acquis toutes les qualités nécessaires pour remonter dans sa patrie spirituelle. Son sort dépend de son stade de développement. Il est jugé sur le résultat final des efforts accomplis au cours de toutes ses réincarnations et de ses séjours dans l'au-delà. Ce jugement, qui correspond au Jugement dernier dans la Bible, n'est donc pas arbitraire, et l'esprit humain a disposé de suffisamment de temps pour s'y préparer. C'est un événement tout à fait naturel.

La réincarnation est une grâce

L'esprit humain dispose donc d'un très long espace de temps pour évoluer et acquérir l'autoconscience. Il est conduit progressivement d'une étape d'apprentissage à l'autre ; s'il fait une erreur, il peut se rattraper et la réparer ; s'il commence à développer une faculté dans une vie, il peut continuer à le faire dans la suivante ; et il lui est donné le temps de se libérer de ses défauts et de dénouer les liens entravants qu'il a tissés avec son prochain.

Ce temps en suffisance est une preuve de l'Amour de Dieu. Le fait que chaque germe d'esprit débute son existence avec les mêmes chances de réussite et avec des potentialités exactement semblables témoigne de sa Justice. L'incessante nécessité d'agir, d'aller de l'avant, de faire des expériences, de se développer – sans être interrompu par un sommeil profond et long dans l'au-delà qui entraverait toute progression – concorde parfaitement avec la loi du mouvement qui est en vigueur dans toute la Création.

Il repose dans cette organisation, voulue par le Créateur, une grâce telle que l'on ne peut en imaginer de plus grande.

Chapitre 4

La Bible et la réincarnation

La Bible n'affirme pas que la réincarnation existe, mais aucun passage ne le nie explicitement. De manière générale, on peut dire que la Bible n'en parle pas, tout au moins pas directement. Certains passages en effet laissent entrevoir que la réincarnation était connue et admise, car ce qui y est dit ne peut l'avoir été que par quelqu'un qui connaissait la réincarnation.

Une connaissance très peu divulguée

Pourquoi cette discrétion ou cette absence de prise de position nette ?

Une explication est donnée par un membre de

l'Église. Le père Jérôme, qui vécut entre 347 et 420 après J.-C. et à qui l'on doit la Vulgate, traduction de la Bible en latin à partir du grec, écrit que «La doctrine de la réincarnation a été, dans les temps les plus anciens, communiquée à un petit nombre d'élus comme une vérité qui ne devait pas être répandue dans la masse du peuple.»

Si, au départ, le «peuple» n'était pas au courant de la réincarnation, il le devint avec le temps. Les Hébreux vivaient entourés de populations qui y croyaient, comme les Assyriens, les Phéniciens, les Égyptiens et les Grecs. Le savoir se glissa ainsi peu à peu dans des cercles de plus en plus larges. Cela transparaît ici ou là dans les textes de l'Ancien Testament, et encore plus souvent dans le Nouveau Testament.

Les passages de la Bible qui vont suivre sont cités pour montrer qu'il serait erroné de rejeter l'existence de la réincarnation sous prétexte que la Bible n'en parlerait pas.

Commençons par deux passages de l'Ancien Testament qui parlent clairement de la préexistence des âmes, condition indispensable pour que des incarnations, puis des réincarnations, puissent avoir lieu.

«J'étais un enfant d'un heureux naturel, j'avais reçu en partage une âme bonne, ou plutôt, parce que j'étais bon, j'étais venu dans un corps sans souillure.» (Livre de la sagesse, attribué à Salomon, 8,19-20)

À propos du prophète Jérémie : «Avant que je t'eusse formé dans le ventre de ta mère, je te connaissais ; et avant que tu fusses sorti de son sein, je t'avais consacré, je t'avais établi prophète des nations.» (Jérémie 1,4-6)

Les deux passages qui vont suivre parlent de la réincarnation future de quelqu'un qui a déjà vécu une vie sur Terre.

Dans le livre d'Ezéchiel, il est écrit à propos du peuple hébreu, désigné dans le texte comme «les brebis du Seigneur», que ces derniers recevront un nouveau guide : «J'établirai sur elles (les brebis) un seul pasteur, qui les fera paître, mon serviteur David» (Ezéchiel 34,23). Or, le David dont il est question dans ce texte écrit en l'an 600 avant J.-C. est un grand personnage de l'histoire juive qui vivait environ en l'an 1000 av. J.-C., autrement dit 400 ans avant que le livre d'Ezéchiel ne fût écrit ! Ce passage, annonçant le retour de David, parle clairement de sa réincarnation.

Dans le livre de Malachie, on trouve une autre annonce de réincarnation : «Voici, je vous enverrai Elie, le prophète, avant que le jour de l'Éternel n'arrive, ce jour grand et redoutable» (3,23). Ce texte écrit au 5e siècle avant J.-C. ne peut concerner la mission déjà réalisée par Elie qui vécut au 9e siècle av. J.-C., donc 4 siècles auparavant. Elle parle forcément d'une mission future d'Elie, pour laquelle il se réincarnera.

Dans un autre passage, Jésus demande à ses disciples : «Et moi, qui dit-on que je suis ?» Ceux-ci lui répondent que dans le peuple : «Les uns disent que tu es Jean-Baptiste, les autres Elie ; d'autres encore Jérémie ; ou l'un des prophètes.» (Matthieu 16,14-15) Bien qu'il ne soit pas logique de dire que Jean-Baptiste s'est réincarné en Jésus puisqu'ils vivaient à la même époque, il n'en reste pas moins que cette réponse témoigne que l'idée de la réincarnation était dans l'ordre des choses possibles pour le peuple. Un autre passage sous-entend l'acceptation de la réincarnation, c'est celui de la guérison de l'aveugle. «Jésus vit, en passant, un homme aveugle de naissance. Ses disciples lui demandèrent : Rabbi, qui a péché, lui ou ses parents, pour qu'il soit né aveugle ?» (Jean 9,1-2)

Si cet homme est aveugle de **naissance** à cause de ses péchés, c'est qu'ils les a commis avant sa naissance, donc dans une vie antérieure. La question des disciples montre qu'ils envisagent comme possible que quelqu'un puisse semer une chose dans une vie et la récolter dans une autre, qu'ils étaient au courant et acceptaient l'idée de la réincarnation. D'ailleurs, Jésus dans sa réponse ne les corrige pas, il ne leur dit pas qu'ils se trompent en pensant que l'aveugle a pu être lui-même la cause de sa déficience visuelle par son comportement dans une autre vie. Cette idée est acceptée comme naturelle par lui. Ne serait-ce pas parce qu'elle est une réalité ?

Les Pères de l'Église

Après la mort de Jésus, différentes personnalités commentèrent et expliquèrent ses paroles. Ils sont appelés «Pères de l'Église» car ils sont à l'origine des dogmes de l'Église chrétienne. Or, leurs écrits révèlent que la réincarnation était acceptée et reconnue comme vraie, par une partie d'entre eux tout au moins.

Origène (115-254 apr. J.-C.) fut un des plus influents théologiens du christianisme primitif. Son influence s'étendit jusqu'au 4e siècle. Il est généralement considéré comme le plus brillant des pères de l'Église. Pour lui «Chaque âme vient en ce monde, fortifiée par les victoires ou affaiblie par les échecs de ses vies antérieures».

Grégoire de Nysse (335-395), père de l'Église grecque, affirme : «C'est une nécessité naturelle pour l'âme de se purifier à travers de multiples vies».

Saint Augustin (354-430) dont les écrits ont profondément influencé la pensée chrétienne se demande : «N'ai-je point vécu dans un autre corps avant d'entrer dans le sein de ma mère ?»

Le concile de Constantinople

Si la croyance en la réincarnation était si bien implantée chez les pères de l'Église, pourquoi n'a-t-elle pas subsisté jusqu'à nos jours dans les églises chrétiennes ?

Elle ne subsista pas parce qu'elle fut brusquement interdite, non pas parce qu'elle fut soudain considérée comme fausse, mais pour des raisons politiques. En effet, trois cents ans après la mort d'Origène, certains de ses partisans causèrent des troubles au Moyen-Orient, en présentant une de ses idées de manière trop radicale, idée qui n'avait d'ailleurs rien à voir avec la réincarnation.

L'empereur Justinien qui régnait alors, voulut rétablir l'ordre et la paix. Il ne le fit pas en cherchant à faire revenir à la raison les fauteurs de troubles, mais en interdisant purement et simplement l'ensemble de l'enseignement d'Origène, ce qui incluait, entre autres, la connaissance de la réincarnation.

Cette décision fit d'abord l'objet d'un édit de l'empereur. Mais étant donné que l'empereur ne représentait que le pouvoir politique, il fallait encore que sa décision soit confirmée par une instance religieuse. Ce fut fait en 553, lors du 2e concile de Constantinople.

La condamnation de l'enseignement d'Origène eut ainsi pour conséquence que toute personne qui, dans le monde chrétien, admettait ou professait les idées d'Origène – y compris, par la force des choses, l'idée de la réincarnation – était susceptible d'être excommuniée. Or, à cette époque, à cause de la puissance de l'Église, une excommunication équivalait à une exclusion totale de la société.

Ainsi, pour des raisons de politique intérieure, la réincarnation fut arbitrairement et radicalement supprimée de l'enseignement chrétien.

Est-ce à dire que l'idée de la réincarnation disparut complètement ? Non. Si on réussit à l'étouffer, elle subsista néanmoins, car, sans elle, l'être humain ne peut concilier l'amour et la justice de Dieu avec l'inégalité criante des destins. Elle subsista même à l'intérieur de l'Église.

Ainsi, l'archevêque italien Louis Passavali (1820-1897) écrivit : «Je suis d'avis que ce serait un grand progrès si on pouvait publiquement soutenir la thèse des renaissances, tant sur Terre que dans d'autres mondes. Ce serait donner une solution à bien des problèmes qui tourmentent par leur absurdité l'esprit et la raison des hommes d'aujourd'hui».

Le cardinal Mercier (1851-1926) affirma : «En ce qui concerne la doctrine de la réincarnation, je ne vois aucun motif pour lequel la raison la tiendrait pour fausse ou impossible».

Le cardinal Daniélou (1905-1974), lui aussi, dit à propos des perspectives qu'offrent les réincarnations : «Et je reconnais que, pour ma part, si je n'étais pas catholique, elles me seraient très sympathiques. Il serait séduisant en effet de penser que le destin de l'âme se poursuivra à travers les mondes spirituels successifs. Ce qui a pu ne pas être réussi dans cette existence, pourrait l'être dans une existence ultérieure, de cette manière, si nous avons eu une existence médiocre, en nous réincarnant, une possibilité pourra nous être donnée de nous élever à un niveau plus haut. Vous savez que ces vues ont été adoptées par Origène, qui fut un des grands génies de la théologie.» («La survie après la mort», Éditions Labergerie)

Chapitre 5

Réincarnation et métempsycose

Si l'approche réincarnationniste considère que l'évolution de l'esprit humain doit se faire par des incarnations répétées, ces incarnations ont toujours lieu dans des corps humains. Il existe cependant une autre manière de voir les choses : l'approche de la métempsycose.

D'après celle-ci, les réincarnations n'ont pas lieu exclusivement dans des corps humains, mais aussi dans des corps d'animaux, dans des plantes et des minéraux. Ces incarnations dans les différents règnes de la nature sont vues par les partisans de la métempsycose comme un processus normal et nécessaire.

Pour eux, une évolution progressive doit s'effectuer à partir du minéral, à travers le végétal puis l'animal, pour aboutir à l'humain. Il y aurait un enrichissement graduel rendant possible le passage du simple au complexe. Le minéral le plus évolué, en se sublimant permettrait au végétal le plus fruste de voir le jour. Lui-même en atteignant son plus haut degré de développement permettrait ensuite à l'animal le plus simple d'apparaître. L'être humain serait à son tour un sublimé de l'animal le plus perfectionné.

Le passage d'un règne à l'autre ne se ferait cependant pas toujours dans une direction unique. Des retours en arrière dans un règne inférieur seraient possibles, lorsque l'esprit humain se conduit mal. À cause des méfaits qu'il s'abaisse à commettre, l'esprit se rendrait indigne de s'incarner dans un corps humain et serait contraint de revêtir un corps animal. Plus l'esprit serait malfaisant, plus il s'incarnerait dans un animal considéré comme vil, celui-ci étant choisi en fonction des caractéristiques mauvaises de l'esprit. Une punition pire encore attendrait l'esprit qui a failli davantage : l'incarnation dans une plante ou dans un minéral.

Qu'il s'agisse d'un processus normal ou d'une punition, ces incarnations dans des corps autres qu'humains ont, d'après les tenants de la métempsycose, un but éducatif. Cependant, toute la question est de savoir si d'après les lois de la Création il est possible pour un esprit de revêtir un corps autre qu'humain. Pour répondre à cette question, il nous faut d'abord parler de la manière dont s'est faite l'apparition des formes humaines, animales et végétales... ici sur Terre.

Deux conceptions existent à ce propos : l'approche créationniste et l'approche évolutionniste.

Le créationnisme et l'évolutionnisme

Pour le créationniste, le Créateur a créé chaque plante, chaque animal... et les a ensuite placés ensemble sur la Terre. Tout est sorti directement de la main du Créateur.

Les différentes créatures n'ont par conséquent pas évolué pour devenir ce qu'elles sont, mais ont été créées ainsi dès le départ.

Pour les tenants de l'évolutionnisme, les différentes créatures ne sont pas apparues sur Terre en même temps, intégralement achevées, mais sont issues les unes des autres.

En développant ses facultés, la créature la plus

simple a donné naissance à une créature un peu plus évoluée qui, en amenant ses propres qualités à un stade plus avancé, a permis à une nouvelle créature dotée de qualités supérieures d'apparaître, et ainsi de suite jusqu'aux grands singes et finalement jusqu'à l'être humain.

Les multiples plantes et animaux que nous connaissons aujourd'hui n'existaient par conséquent pas au départ, mais sont le résultat d'un lent travail d'enrichissement et de transmission de facultés.

La manière de voir des évolutionnistes est totalement rejetée par les créationnistes, car l'accepter signifie que Dieu n'a pas créé toutes les créatures, mais qu'elles se sont «créées» elles-mêmes au cours de l'évolution. Pour un croyant, c'est déjà une raison suffisante pour tenir les idées évolutionnistes pour fausses.

Le problème est que l'approche évolutionniste prend pour base l'observation de faits concrets et incontestables. C'est en effet en étudiant les fossiles de différentes époques et en les comparant aux espèces animales de son temps que Darwin a constaté avec raison une filiation et une évolution des espèces.

Comment sortir de cette impasse ? Malgré les apparences, créationnisme et évolutionnisme ne sont pas inconciliables, car la vérité que chacun défend ne se situe pas au même niveau. Le créationnisme parle en réalité de la création des âmes, alors que l'évolutionnisme parle des corps terrestres dans lesquels s'incarnent ces âmes.

Pour simplifier l'explication, limitons-nous aux animaux et à l'être humain. La création de toutes les espèces animales puis de l'être humain décrite dans la Bible, description sur laquelle s'appuient les créationnistes, concerne les noyaux animateurs de ces créatures, c'est-à-dire l'âme des animaux (âmes de chien, de cheval, de singe, etc.) et l'esprit humain. Tous ont été créés par Dieu, avec leurs caractéristiques propres.

Or, tout comme l'esprit humain doit revêtir un corps physique pour séjourner sur Terre, les âmes animales doivent s'incarner dans un corps de matière dense. Mais sur Terre où se trouvaient les réceptacles à revêtir ? Ils n'étaient nulle part, parce que dans les débuts de l'histoire de la planète Terre, ils n'existaient pas encore et devaient être formés.

La formation de ces réceptacles n'eut pas lieu simultanément, mais ils furent formés les uns après les autres au cours d'un long processus évolutif qui demanda des millénaires, comme le souligne très justement l'approche évolutionniste.

Le corps de l'animal le plus simple, composé d'une seule cellule, permit à l'âme animale la plus élémentaire de s'incarner. Dans sa lutte pour survivre, cet animal amena son corps à un stade d'évolution un peu plus élevé, ce qui, lors de la multiplication de l'espèce, permit à des âmes un peu plus perfectionnées de s'incarner dans les corps ainsi offerts. Ces âmes à leur tour portèrent leur corps à un stade supérieur, permettant à nouveau à des âmes aux qualités plus élaborées de s'incarner.

Ce processus se répéta jusqu'à la formation du corps des grands singes, dans les descendants desquels, un jour, ne s'incarnèrent plus des âmes de singes, mais des esprits humains.

Ces singes disparurent par la suite. L'incarnation des esprits humains dans le corps animal ne fut possible qu'à une période bien précise. Les grands singes dont il est question avaient atteint leur plus haut degré de développement sur Terre. Tout en ayant des noyaux différents, leurs facultés se rapprochaient de celles des esprits humains, peu développés à l'époque, puisqu'ils se trouvaient encore au début de leur parcours évolutif. Ainsi, le plus évolué du règne animal put offrir un réceptacle à l'esprit humain encore peu évolué. Ce réceptacle fut ensuite humanisé. En effet, ce n'est que parce que l'esprit habite le corps dans lequel il s'est incarné et utilise ses facultés spirituelles que le corps animal acquiert finalement une forme humaine et la station debout. Par la suite, les esprits humains s'incarnèrent dans des corps désormais humains et non plus dans des corps de singes.

Ainsi, l'évolution progressive des corps physiques sur le plan terrestre a fourni aux âmes animales puis aux âmes humaines séjournant dans l'au-delà l'occasion de s'incarner, au fur et à mesure de la formation des réceptacles dont elles avaient besoin pour venir sur Terre. Il existe donc bien une évolution au niveau des corps. Les âmes, par contre, ne procèdent pas les unes des autres, puisqu'elles existaient déjà en tant que telles, dans l'au-delà, avant leur incarnation. Une âme d'âne ne devient pas, en progressant, une âme de cheval, pas plus qu'une âme de singe ne devient un esprit humain si elle évolue suffisamment.

Chacun reste dans son genre et ne peut évoluer que dans les limites de son genre. La migration d'une âme à travers toutes les espèces animales, et à plus forte raison à travers tous les règnes, en vue d'un perfectionnement, n'est donc pas possible.

La nécessaire relation d'affinité entre l'âme et le corps

En enseignant que l'homme descend du singe, la théorie de l'évolution nous amène à penser que l'être humain a un corps de forme humaine parce que le singe a un corps qui a approximativement cet aspect.

En réalité, c'est le contraire. Avant même de s'incarner, l'esprit humain a une forme humaine et c'est la raison pour laquelle il s'incarne dans un corps de singe, la forme du corps de ce dernier étant en effet la plus proche de la sienne.

L'esprit n'est pas sans forme ou simplement sphérique comme le disent certains, mais il a toujours la forme humaine que nous connaissons. Or, pour s'incarner sur Terre, l'esprit a besoin d'un instrument, d'un corps, qui soit à sa mesure. Cet instrument n'est en effet pas quelque chose que l'esprit tient dans la main, comme c'est le cas avec les outils en général, mais qu'il va revêtir, dans lequel il va entrer.

Le corps doit donc nécessairement avoir une forme identique à la sienne, ou tout au moins très proche. Les corps qui répondaient le mieux à ce critère étaient ceux des grands singes vivant à l'époque où les êtres humains furent incarnés pour la première fois sur Terre.

Cette affinité de forme, nécessaire entre le noyau animateur et le corps dans lequel il s'incarne, se manifeste aussi au cours de l'incarnation de l'esprit dans le fœtus en préparation pendant la grossesse.

Au cours de son développement, l'embryon repasse rapidement par toutes les étapes de l'évolution animale. À un certain moment, il a des branchies comme un poisson, puis une queue comme les reptiles, puis une rangée de mamelles comme les mammifères inférieurs, etc. Or, ce n'est qu'entre le 4e et le 5e mois de la grossesse que le fœtus acquiert une forme humaine, ce qui permet à l'esprit de s'y incarner à ce moment-là, comme nous l'avons déjà vu.

Si l'on se réfère aux lois de la Création qui veulent qu'il y ait affinité entre la forme du noyau animateur et celle du corps dans lequel il pénètre, il ressort qu'il est impossible pour un esprit humain de s'incarner dans un corps de chien, de mille-pattes, de serpent, de poisson ou de tout autre animal. La métempsycose ne correspond donc pas aux possibilités qu'offre la nature et, par conséquent, n'est pas une réalité.

Même en admettant que par punition, il soit possible à un esprit humain de s'incarner dans un corps d'animal, dans un corps de limace par exemple, quel intérêt cela aurait-il ? Quels en seraient les effets sur lui ?

Un tel esprit serait entravé dans ses possibilités de réflexion, d'action et d'expression, facultés qui lui sont indispensables pour se corriger intérieurement et réparer ses erreurs.

Il serait en outre mis dans des sphères d'expériences totalement étrangères à son genre et à ses besoins évolutifs d'esprit, ne serait-ce que par l'absence de contact avec d'autres esprits humains et avec les valeurs spirituelles qu'ils portent en eux.

Dans de telles conditions, une stagnation ou une régression s'ensuivrait, ce qui irait à l'encontre du but recherché : l'évolution de l'esprit.

Les différents plans d'origine des créatures

Un fait supplémentaire montre que les âmes ne procèdent pas les unes des autres et par conséquent que la métempsycose n'est pas possible. Ce fait est en relation avec l'origine des noyaux animateurs des différentes créatures, autrement dit avec les plans de la Création d'où ils sont issus.

La Création est composée d'une succession de plans de genres différents. Le processus de formation de ces plans a eu lieu de manière tout à fait naturelle et il est important de bien le connaître pour notre propos. Pour le décrire, nous nous fondons sur les connaissances apportées par l'œuvre «Dans la Lumière de la Vérité», Message du Graal, mais en présentant les choses de manière simplifiée et très imagée pour en faciliter la compréhension.

Au commencement, il n'y avait rien en dehors de Dieu et de la sphère divine qui l'entoure. C'est seulement lorsque le Créateur prononça les paroles : «Que la Lumière soit !» que la formation de la Création débuta et que les formes apparurent. La Lumière dont il s'agit ici n'est pas la lumière d'un astre, mais la Lumière originelle issue de Dieu et comprenant en elle, non seulement la Force nécessaire à la formation et à l'entretien de la Création, mais aussi le germe de toutes les formes qui allaient s'y développer au cours de l'évolution.

L'intensité de la Force qui « descend » dans la Création en provenance du Créateur est tout naturellement plus grande à proximité de son point d'émission qu'à une plus grande distance. Le flux de Force ralentit donc avec l'éloignement, ce qui entraîne un refroidissement. Il y a perte de chaleur.

Or, si le ralentissement du flux de Force entraîne un refroidissement, il engendre aussi une condensation ou précipitation d'une partie des éléments contenus dans la Force. Ce phénomène de précipitation est facilement observable à petite échelle sur le plan terrestre. Lorsqu'on imprime un fort mouvement rotatif à un mélange d'eau et de terre que l'on a mis dans un bocal, les constituants de la terre se mélangent complètement avec la masse liquide.

Ce n'est que lorsque le mouvement rotatif du mélange ralentit qu'ils formeront un précipité, c'est-à-dire tomberont au fond du récipient. Les éléments du mélange ne précipitent cependant pas tous en même temps. Cela est vrai aussi bien pour le mélange eau-terre que pour les éléments contenus dans la Force émanant du Créateur, éléments que nous avons mentionnés comme étant les germes de tout ce qui prendra forme dans la Création au cours de son évolution. À cause de leur différence de genre, certains éléments précipiteront beaucoup plus tôt que d'autres. Ils se répartiront alors en couches, l'élément le plus léger dans la couche supérieure, le plus lourd dans la couche la plus basse, ce qui est facilement observable dans le mélange eau-terre. Au sommet se trouve une couche d'eau, puis des débris végétaux (humus), de la terre, de l'argile et, au fond, une couche de sable.

Les différents constituants se déposent donc les uns sur les autres, suivant parfaitement en cela la loi de la pesanteur, en couches superposées et nettement distinctes, en fonction de leur densité et de leur genre différents. Ce phénomène qui, sur Terre, engendre ce que l'on appelle en géologie les couches sédimentaires, entraîne – au niveau de la Création – la formation des différents plans dont elle est constituée.

Ainsi pour reprendre la description générale du processus : en descendant dans l'abîme, ce qui est contenu dans la Force venant d'en-haut, se condense et précipite au fur et à mesure de son éloignement ; apparaissent alors, à une certaine distance les uns des autres, les différents plans de la Création.

Ceux-ci sont chacun d'un genre distinct puisqu'ils sont séparés. En effet, si deux plans qui se suivent étaient d'un même genre, ils ne se seraient pas condensés l'un après l'autre, mais en même temps, et n'auraient pas formé deux plans.

Le plan le plus élevé est le plan spirituel, d'où sont issus les esprits humains. Il est suivi par un plan dont nous n'avons pas encore parlé et qui se situe entre le plan spirituel et le plan de la matière subtile.

Il s'agit du plan de l'essentialité d'où sont issus entre autres les êtres de la nature et les âmes animales. Lui font suite, les plans de la matière subtile et de la matière dense. Ce qui nous donne à ce stade de nos explications la structure suivante de la Création :

- Plan spirituel : plan d'origine de l'esprit humain
- Plan de l'essentialité : plan d'origine des âmes animales et des êtres essentiels
- Plan de la matière subtile : l'au-delà
- Plan de la matière dense : plan terrestre.

Savoir que chaque plan est d'un genre distinct des autres est de la plus haute importance. En effet, ce qui provient d'un plan est d'un genre bien particulier qui n'a rien de commun avec les autres. Or, l'esprit humain n'est pas originaire du même plan que les âmes animales. Il s'ensuit que l'esprit, qui est formé à partir des matériaux du plan spirituel, est donc doté de potentialités tout autres que celles d'une âme animale, celle-ci étant formée avec les matériaux du plan de l'essentialité.

Il y a non seulement différence de genre mais impossibilité de passer d'un genre à l'autre. L'âme animale, aussi évoluée soit-elle, ne deviendra jamais un esprit humain. Il manque à l'âme animale les éléments de base – qui se trouvent sur un autre plan que le sien – qui lui permettraient de développer quelque chose de spirituel en elle. Autrement dit, pour développer du spirituel en elle, l'âme animale ne dispose pas des «matériaux» nécessaires, et elle est par conséquent dans l'incapacité absolue de développer quelque chose de spirituel.

L'idée que l'âme animale puisse évoluer en esprit humain telle que l'enseigne la métempsycose est donc du domaine de l'impossible. L'âme animale n'en a pas la capacité.

Les âmes de chaque espèce animale ainsi que l'esprit humain peuvent évoluer chacun à l'intérieur de leur propre genre, mais jamais changer de genre. Ainsi, non seulement une âme de singe ne peut jamais devenir un esprit humain, mais un esprit humain ne peut jamais régresser pour devenir un singe.

L'esprit humain n'a donc pas besoin de se préoccuper de vivre l'état de minéral, de végétal et d'animal. Il doit par contre développer ses propres facultés, ce qui nécessite de nombreuses expériences vécues.

C'est d'ailleurs bien la raison pour laquelle il doit entre autres se réincarner plusieurs fois, ce qu'il fait, mais toujours dans des corps humains.

Chapitre 6

Une aide pour l'évolution

Le fait de pouvoir vivre plusieurs fois sur la Terre est une aide pour l'évolution de l'esprit. Ces différentes vies représentent chacune un laps de temps supplémentaire pour se développer intérieurement.

La réincarnation cependant n'offre pas seulement du temps supplémentaire. En fonction de ce qu'il a semé dans le passé, l'esprit va vivre des situations qui vont l'aider à progresser.

Le processus est comparable à celui qui a lieu à l'école. La nouvelle classe dans laquelle les élèves entrent n'offre pas un programme d'étude sans relation avec le précédent.

Au contraire, il est très exactement établi sur ce qui a été acquis dans la classe précédente et il est conçu pour les faire progresser, à partir de là, dans la classe actuelle.

Ce n'est donc pas par hasard que nous nous incarnons dans une famille précise, que nos parents ont telle personnalité, que nos frères et sœurs possèdent les qualités et les défauts qui sont les leurs.

Ce n'est pas non plus une question de hasard si nous naissons à la campagne ou en ville, à une époque troublée politiquement ou non, dans un milieu social aisé ou non. La race, la nation et la religion dans lesquelles nous nous réincarnons ne sont pas non plus le fruit du hasard. Tous ces facteurs aident à former les conditions dont nous avons besoin pour vivre des expériences utiles à notre évolution.

En fonction de nos décisions passées, c'est-à-dire des décisions que nous avons prises à l'aide de notre libre arbitre dans des vies antérieures, nous sommes placés exactement où il le faut pour que nous puissions progresser.

Deux grandes lois de la Création interagissent lors des réincarnations : la loi de l'attraction des affinités et la loi de la rétroaction, appelée aussi loi des semailles et des récoltes.

La loi de l'attraction des affinités

L'action de cette loi a pour effet que les semblables s'attirent et que les contraires se repoussent. Un dicton populaire l'exprime en disant : «Qui se ressemble, s'assemble».

L'activité de cette loi peut être observée dans le regroupement spontané des semblables dans la société humaine. Cette dernière se subdivise en effet en une multitude d'associations, clubs, cercles, mouvements, partis, syndicats... qui, chacun, regroupent des gens qui ont des points communs, parce qu'ils agissent dans un même domaine ou ont des intérêts semblables.

La répartition en sous-groupes se fait spontanément. Lors d'un voyage organisé, par exemple, c'est de manière tout à fait inconsciente et sans concertation que l'on assiste à une division par affinité, le groupe des sportifs, celui des gourmets ou celui des gens qui préfèrent partir en excursion...

Lors d'une réincarnation, du fait de la loi de l'attraction des affinités, l'esprit qui revient faire un séjour sur Terre est attiré dans une famille avec laquelle il est en affinité, autrement dit vers des parents avec qui il partage une partie de ses traits de caractère, de ses habitudes, de ses intérêts et de ses manières d'agir.

En quoi ce rassemblement des semblables favorise-t-il l'évolution ?

Pour répondre à cette question, prenons l'exemple d'un esprit qui possède de fortes prédispositions musicales et a le désir de les exprimer en jouant du violon. S'il s'incarnait dans une famille qui n'est pas intéressée par la musique et n'en écoute jamais, il est très probable que ses parents ne comprendraient pas son désir et ne le soutiendraient que faiblement. Malgré leur bonne volonté éventuelle, l'enfant entendrait inévitablement des remarques telles que «à quoi ça sert ?», «tu perds ton temps» ou parfois aussi «tu nous casses les oreilles !». L'enfant devrait lutter contre un milieu indifférent, voire hostile à ses efforts. Le manque d'affinité ne l'aiderait pas à épanouir ses dons.

C'est exactement le contraire qui a lieu s'il s'incarne dans une famille de mélomanes ou de musiciens. L'enfant entendra régulièrement de la musique. Son désir de jouer un instrument sera compris. Il sera aussi soutenu : on l'emmènera au concert, on lui offrira un instrument de qualité et un bon professeur. Dans les moments de découragement, il sera entouré, consolé, etc. Le développement de ses dons musicaux sera ainsi grandement favorisé.

Il existe ainsi des «familles de musiciens», parce que les qualités musicales des parents attirent des enfants musiciens qui, eux-mêmes, lorsqu'ils deviennent parents, attirent à leur tour des enfants musiciens, et ainsi de suite. Ce fut le cas, entre autres, pour la lignée des grands compositeurs que furent Mozart et Bach.

Mais la musique n'est pas la seule chose qui puisse servir de pôle d'attraction. Les affinités par exemple donneront des familles de politiciens, de forgerons, menuisiers ou médecins... On trouve aussi des familles caractérisées par la droiture de tous ses membres, leur honnêteté, leur courage ou leur persévérance. La loi de l'attraction des affinités favorise donc le développement des qualités qui sont en nous, mais elle nous aide aussi à nous débarrasser de nos défauts.

Prenons l'exemple d'une personne tyrannique qui a beaucoup fait souffrir son entourage. Lorsque le moment de se réincarner sera venu, elle sera attirée par la loi de l'attraction des affinités vers des parents qui lui sont semblables, donc tyranniques. Les rôles vont ainsi s'inverser. Loin de pouvoir tyranniser ses parents, c'est elle qui sera tyrannisée par eux.

En effet, en tant qu'enfant, elle n'est pas à même de s'imposer et de leur résister. Jour après jour, elle éprouve alors la souffrance qu'engendre le comportement tyrannique d'autrui. De bourreau, elle est devenue victime.

Malgré les apparences, cette situation est bénéfique pour l'évolution spirituelle de l'enfant. Dans son incarnation précédente, ce dernier ne s'était peut-être pas rendu compte des tourments que son comportement engendrait, ou il n'avait pas trop voulu le savoir. Mais maintenant, en les vivant à son tour, il est obligé de s'en rendre compte. Ce vécu peut l'amener à être dégoûté d'une telle manière d'agir, à la considérer comme néfaste et à l'éviter à tout prix. En lui se développe alors le désir profond et ardent de ne jamais imposer une telle chose à autrui. Sans qu'il s'en rende compte, il perd son défaut d'antan et le remplace par la qualité inverse. Grâce à la réincarnation, il a appris la leçon qu'il devait tirer de cette situation.

Le désir de changer est nécessaire

Les possibilités de changement offertes par la réincarnation sont donc une aide, mais, encore faut-il que cette aide soit saisie par l'être humain. En effet, le désir de ne plus être tyrannique est le résultat d'une décision prise librement par la personne concernée. Elle n'est pas obligatoire, elle n'est qu'une possibilité.

L'esprit, qui dispose du libre arbitre, aurait tout aussi bien pu ne pas vouloir voir et ne pas tirer la leçon. Il aurait au contraire pu décider de prendre sa revanche dès que possible plutôt que de changer. L'aide pour le changement n'aurait alors pas été saisie.

On voit d'ailleurs parfois des enfants ayant vécu toute leur enfance soumis à la domination tyrannique de leurs parents devenir eux-mêmes écrasants et dominateurs avec leur entourage sitôt qu'ils ont quitté le milieu familial et sont devenus adultes. Le basculement de la soumission au comportement opposé de domination, ou entre deux autres comportements opposés, quels qu'ils soient, est parfois si net qu'il ne peut manquer de surprendre l'observateur. Il s'explique par le fait que la victime avait déjà le défaut en question mais que la situation dans laquelle elle se trouvait l'empêchait de le manifester.

Ce qui vient d'être dit jusqu'ici ne concernait que les effets de la loi au début de la vie, puisqu'il était question de la famille dans laquelle s'incarnait l'esprit. La loi agit cependant tout au long de la vie.

Ainsi, une personne qui doit subir la tyrannie d'autrui, pour poursuivre avec le même exemple, ne vivra pas nécessairement cette situation durant son enfance, mais pourra la vivre à l'âge adulte, dans son milieu professionnel ou comme citoyen particulièrement touché par le régime politique dans lequel il vit.

La loi des semailles et des récoltes ou de la rétroaction

Elle s'énonce généralement en disant «ce que tu sèmes, tu le récolteras». Par semailles, il est entendu tout ce que nous faisons, disons et pensons. Nos actes, nos paroles et nos pensées sont donc des semailles que nous jetons dans un grand champ qui est le monde.

À quoi servent ces récoltes ? L'esprit humain dispose du libre arbitre, grâce auquel il prend constamment des décisions. Mais comment peut-il savoir si celles-ci sont bonnes ou mauvaises ? Se pose-t-il même la question ? Il les ressent peut-être comme bonnes, mais ceux qui en subissent les conséquences pensent-ils de même ?

Le meilleur moyen de le savoir est de vivre les effets de ses décisions sur soi-même, d'en faire l'expérience vécue. Et c'est le rôle de la loi des semailles et des récoltes que de ramener ce qui a été semé à celui qui en est l'instigateur. Ce retour explique pourquoi cette loi est également appelée loi de la rétroaction. Toute action exercée sur autrui revient automatiquement sur son auteur. Vivre ce retour est une expérience fondamentale pour l'être humain, car cela lui permet d'arriver à la conviction de la justesse ou non de sa décision.

Le retour karmique peut advenir dans la vie même où la semaille a été effectuée, mais ce peut être aussi dans une vie ultérieure. Lorsque c'est le cas, l'esprit ne se souvient pas de ce qu'il a semé dans ses vies antérieures. La récolte n'en arrive pas moins et forme son destin. Or, s'il ne connaît pas la loi de la rétroaction, il pensera que ce destin est injuste, ou qu'il est le fruit du hasard. En réalité, les causes remontent plus loin que son souvenir du moment. Son destin n'est ni injuste ni arbitraire. Ce qu'il récolte est, grâce à la loi de la rétroaction, toujours ce qu'il a semé, et pas autre chose.

Ainsi, quelqu'un qui a aidé son prochain dans le besoin récoltera, dans une future incarnation, l'aide d'autrui lorsqu'il sera lui-même dans le besoin. Certaines personnes ont beaucoup aidé et sont par conséquent beaucoup aidées. Comme elles se sortent régulièrement de situations difficiles grâce à l'aide d'autrui, on dira d'elles qu'elles ont beaucoup de chance. Or, il ne s'agit pas de chance, dans le sens de hasard arbitraire et heureux, mais de la conséquence logique et juste de leur comportement passé. Elles ont semé de l'aide, elles récoltent de l'aide.

À l'inverse, quelqu'un d'indifférent aux problèmes d'autrui récoltera l'indifférence de son entourage lorsqu'il sera lui-même dans l'affliction. La loi ne pousse pas les gens de son nouvel entourage à être indifférents contre leur gré, mais ce sont des gens qui ont également ce défaut en eux, et qui se trouvent incarnés dans son entourage à cause de la loi de l'attraction de l'affinité.

L'action de la loi s'exerce dans tous les domaines : celui qui a été patient avec autrui verra autrui être patient avec lui ; celui qui a été honnête envers ses semblables sera respecté, etc. Il en est de même dans le négatif. Celui qui a volé sera volé, celui qui a menti sera trompé, celui qui a opprimé sera opprimé...

Dans certains cas, l'identité des personnes présentes lors des retours est sans importance, car l'esprit doit avant tout apprendre à corriger son défaut. Dans d'autres cas, le défaut et le retour sont en relation avec une personne précise avec laquelle il était en contact et en conflit dans une vie antérieure. La récolte se fera alors en présence de cette personne. La rencontre des deux esprits n'a évidemment pas pour but de stimuler la mésentente entre eux. Elle permet de les confronter à leur problème mutuel pour le résoudre. Par exemple, deux propriétaires dont les domaines sont côte à côte, se disputent constamment sur des questions de limite de terrain et de répartition des eaux. Ils recourent aussi bien l'un que l'autre à des procédés malhonnêtes pour prendre l'avantage sur leur voisin. Leur vie entière est remplie de l'animosité qu'ils ont l'un pour l'autre.

L'action de la loi de cause à effet les fait se réincarner proches l'un de l'autre, par exemple en tant que frères. La rivalité et les conflits reprennent rapidement, mais le contexte de ces disputes a changé. Les sujets de dispute sont autres, ils sont plus anodins et se déroulent sous l'autorité des parents. Ces derniers exercent un contrôle et tranchent dans les conflits. Les enfants les écoutent. L'amour fraternel est aussi présent par la force des choses. Les deux enfants font ainsi plus d'efforts, ils transigent plus souvent, plus volontiers, et se maîtrisent davantage.

De cette manière, une transformation intérieure est plus aisée pour eux. Cependant, ils peuvent aussi décider de ne rien apprendre et, une fois adultes, continuer à se disputer comme dans leur vie précédente…

Ainsi, lors de chaque incarnation, nos semailles passées nous reviennent. L'incarnation a lieu en fonction des situations qui peuvent nous les faire vivre, et en présence des gens avec lesquels nous nous sommes liés.

Le vécu nous touche immanquablement, car nous sommes à chaque fois complètement immergés dans la situation.

Les obstacles que nous rencontrons dans la vie, tout comme les situations difficiles que nous traversons, ne doivent par conséquent pas être considérés comme des injustices. Il ne faut pas les supporter le mieux possible «en attendant que ça passe», mais les voir comme des occasions qui nous sont données pour nous permettre d'apprendre, et de grandir intérieurement.

Réincarnation et réparation

Un autre bienfait de la loi des semailles et des récoltes est la possibilité qu'elle offre, grâce aux réincarnations, de réparer des erreurs anciennes.

Ce que nous avons vu jusqu'à présent est que cette loi offrait la possibilité de nous transformer intérieurement, car grâce à l'expérience vécue qu'elle permet, l'esprit, s'il reconnaît ses erreurs, peut se débarrasser de ses défauts pour les remplacer par des qualités. Le bénéfice du retour ne retombe cependant que sur celui qui a commis l'erreur et non sur les personnes lésées par lui dans le passé. Or, la justice veut que tous les torts que l'esprit humain a faits à son prochain, il doit les réparer.

Tous les êtres humains ont un droit égal à évoluer dans la Création. Certains d'entre eux cependant sont freinés, dans un domaine ou un autre de leur évolution spirituelle, à cause de l'action d'autrui.

Il se peut qu'autrui leur ait fait perdre la confiance qu'ils avaient en eux-mêmes, qu'il les ait empêchés d'utiliser librement leur libre arbitre ou privés des situations qui leur auraient permis de développer leurs dons. Ces torts ont engendré des souffrances physiques et psychiques. Ces souffrances doivent être compensées, et le retard dans l'évolution de ces esprits comblé, avec l'aide de celui qui en fut la cause.

Pour que la réparation puisse avoir lieu, il est nécessaire que celui qui a commis la faute soit à nouveau en contact avec la personne lésée. Un lien s'est en effet formé entre les deux protagonistes et ce lien les lie personnellement. Mais comment celui qui a lésé une personne peut-il la retrouver ? Il n'a pas à s'en préoccuper, car grâce à l'action de la loi de la rétroaction ils seront mis immanquablement en contact l'un avec l'autre.

Une partie des gens que nous côtoyons ou que nous rencontrons sont donc des personnes avec qui nous devons réparer un tort ou inversement.

Certaines d'entre elles, dans cette vie, nous sont très chères, d'autres, par contre, nous sont indifférentes mais nous les rencontrons brièvement ou nous les fréquentons régulièrement, par exemple dans le cadre de notre profession, parce que le but des retrouvailles dans cette incarnation est de progresser et de réparer.

Il arrive cependant que le tort subi l'ait été, non pas par une seule personne, mais par un peuple entier. Le fautif devra-t-il retrouver chacun de ceux qu'il a lésés ?

Oui, la loi veut qu'il soit à nouveau en contact avec eux. Cela peut cependant se faire de manière indirecte.

Un chef d'Etat qui a conduit son peuple à la misère sera ultérieurement en position de l'aider en se réincarnant en tant que politicien ou philosophe par exemple et en ayant une action promotrice générale.

Par son action de politicien ou ses idées de philosophe, il touche beaucoup de gens à la fois. Il sera peut-être à l'origine d'une grande amélioration des conditions de vie du peuple dans lequel il vit, ou de l'humanité en général, et réparera ainsi le mal fait à ses anciens concitoyens.

La réincarnation : des classes à l'école de la vie

Les réincarnations ne sont pas de simples périodes de temps durant lesquelles nous pouvons flâner sans but. Si c'était le cas, le danger serait grand que nous menions une vie passive, que nous choisissions la voie de la facilité en restant dans le connu et en évitant tout ce qui est nouveau et sollicite une réaction de notre part, donc un effort. Nous passerions ainsi à côté de situations utiles, de conflits qui nous ouvriraient les yeux, de rencontres instructives, de problèmes qui nous obligeraient à nous dépasser. Or, la nouveauté et le changement induits par la réincarnation aident l'esprit à avancer. Ils l'obligent à être vigilant, à lutter, s'appliquer, persévérer, se défendre, réagir et ainsi se dépasser lui-même, ce qui l'amènera à développer de nouvelles facultés et à affermir les anciennes.

Chacun sait par expérience combien un changement de cadre est bénéfique, déjà dans notre vie actuelle, même si dans un premier temps l'inconnu nous avait désemparé et que nous l'avions refusé. Après coup, une fois l'«obstacle» vaincu, la valeur de l'expérience se révèle toujours clairement. Que le changement de cadre se présente sous la forme d'un séjour à l'étranger, d'un stage professionnel pour un étudiant, d'une visite dans un milieu défavorisé, ou d'un séjour forcé à l'hôpital... ces expériences ouvrent les yeux sur une autre facette du monde. Elles changent nos perspectives, relativisent les problèmes du moment, remettent en question nos certitudes et, par là, élargissent notre façon de concevoir la vie.

De plus, pour s'adapter aux nouvelles situations, il faut faire appel à d'autres aspects de notre personnalité, développer d'autres manières d'être et d'agir, autrement dit développer des facultés peu utilisées jusque-là. Tout cela contribue à l'épanouissement des possibilités de l'individu. Or, ce qui se passe en petit dans une vie terrestre se passe aussi en grand dans l'existence globale de l'esprit : chaque réincarnation offre des conditions de vie nouvelles qui poussent l'esprit à aller de l'avant dans son évolution.

Être et faire

La loi de l'attraction des affinités et celle des semailles et des récoltes agissent de manière très similaire, mais la première nous place surtout dans de nouvelles situations en fonction de ce que nous sommes (qui se ressemble, s'assemble), la deuxième en fonction de ce que nous avons fait (la récolte de nos actions envers autrui).

Y a-t-il donc une différence entre ce que nous sommes et ce que nous faisons ? L'être humain n'**est**-il pas toujours ce qu'il **fait** ? N'y a-t-il pas accord entre l'intérieur (ses désirs) et l'extérieur (ses actes) ?

Ce devrait être le cas. Il faudrait que nos paroles et nos actes soient toujours en accord avec notre moi profond. Il ne devrait pas y avoir de dissociation, et c'est ce que l'être humain doit apprendre, afin d'être entier, honnête et en paix avec lui-même et son entourage. En pratique cependant, nous ne faisons pas toujours ce que nous voulons et ressentons comme juste. C'est ce qu'a exprimé de manière si poignante l'apôtre Paul lorsqu'il a dit : «Je fais le mal que je ne veux pas, et ne fais pas le bien que je veux». (Romains 7,19)

Il est aussi des cas où quelqu'un peut porter en lui un penchant à la violence, mais ne jamais passer à l'acte. Si, pour les lois, seuls les actes comptaient pour déterminer les futures incarnations, cette personne ne serait pas confrontée à des situations qui l'aideraient à se défaire de son penchant. Mais la loi de l'attraction des affinités, qui agit sur ce qu'elle est en profondeur, l'amènera vers des situations où elle trouvera des gens qui lui ressemblent, ce qui lui donnera l'occasion de goûter sur elle-même les conséquences de son penchant, afin de le corriger.

L'importance des séjours terrestres

Les réincarnations sont également une aide pour l'évolution de l'esprit parce qu'elles ont justement lieu sur Terre, dans la matière la plus dense.

En quoi le fait de séjourner sur Terre est-il favorable pour le développement des facultés humaines ? Qu'y a-t-il de particulier qu'on ne trouve pas dans l'au-delà ? Pourquoi descendre jusqu'ici, l'au-delà n'offre-t-il pas toutes les possibilités nécessaires à l'évolution ? Quelles différences y a-t-il entre le plan terrestre et l'au-delà ?

Deux différences fondamentales distinguent les conditions d'évolution dans ces deux parties de la Création.

Premièrement sur le plan terrestre, il règne une

densité et une pesanteur beaucoup plus grandes que sur les plans de matière subtile de l'au-delà. L'esprit est équipé d'un corps plus pesant qui lui demande pour être mobilisé plus d'effort que pour mobiliser les enveloppes subtiles. Enfin, l'entourage étant lourd, il est plus difficile à mouvoir et plus lent à modifier.

Le laps de temps qui sépare les décisions de l'esprit de leur concrétisation dans la matière est par conséquent plus long. La volonté de l'esprit doit d'abord être communiquée au cerveau. Celui-ci doit la réceptionner, puis la transmettre aux nerfs moteurs, qui mettent alors les muscles des membres en mouvement pour que l'action prenne forme. Ces membres doivent à leur tour vaincre la pesanteur et la résistance des matériaux, des gens ou des circonstances, pour arriver enfin à façonner les choses comme l'esprit les veut.

Pendant tout le temps de la concrétisation de son vouloir, l'esprit doit constamment maintenir sa volonté pour que les choses se réalisent vraiment. L'effort qu'il doit déployer est donc très important. Il est beaucoup plus grand que celui qu'il devrait déployer sur les plans de la matière subtile, dans lesquels, en raison de la légèreté et de la malléabilité de l'environnement, un temps très court sépare la volonté d'agir de la réalisation proprement dite. Cet effort accru enflamme ainsi l'esprit, qui mobilise toute sa volonté et son énergie, ce qui fortifie et développe ses facultés. Le processus est identique à celui qui a lieu lorsqu'un sportif soulève des haltères. Le poids et les résistances auxquels les muscleès doivent s'opposer leur font prendre du volume et les fortifient.

Deuxièmement, la Terre est aussi un lieu d'évolution privilégié, et la répétition des vies terrestres une grâce, parce que sur ce plan des esprits de genre et de degré de maturité très différents peuvent se côtoyer, ce qui n'est pas le cas dans l'au-delà.

Le Message du Graal explique que dans l'au-delà, les âmes sont réparties selon leur genre et leur densité sur les différents plans de la matière subtile, selon les effets d'une autre grande loi de la Création : la loi de la pesanteur. L'âme, en fonction de ses qualités et de ses défauts, est plus ou moins légère ou lourde. Lorsqu'elle se sépare du corps terrestre, à la mort de celui-ci, la loi de la pesanteur la fait monter ou descendre jusqu'au plan qui est de même densité qu'elle. Le processus est le même lorsqu'un ballon lâché dans l'air s'élève dans le ciel et ne se stabilise qu'au moment où il a atteint le niveau où le gaz enfermé à l'intérieur du ballon est de même densité que l'air qui l'entoure.

Les âmes qui se retrouvent sur un même plan de l'au-delà sont donc très semblables grâce à l'action conjuguée des lois de la pesanteur et de l'attraction des affinités. C'est ainsi que celles qui, par exemple, ont pour trait de caractère prédominant la jalousie, se retrouvent ensemble sur un même plan. L'ensemble des activités humaines qui s'y déroulent sont par conséquent transpénétrées ou colorées par la jalousie.

La progression y est plus lente que sur la Terre. Ces âmes, entourées de leurs semblables, ont beaucoup plus de peine à se rendre compte du caractère négatif de la jalousie. Étant elles-mêmes jalouses, elles croient cet état normal. Voyant les autres agir de même, elles sont confortées dans un premier temps dans l'idée que leur comportement est normal. Beaucoup de temps et de souffrance leur seront nécessaires pour réaliser que ce n'est pas le cas. Par l'expérience vécue, elles se dégoûteront peu à peu de cette manière d'être, pour finalement aspirer à autre chose et changer intérieurement.

Sur Terre, par contre, l'être humain jaloux est entouré de gens qui ne le sont pas, qui contrairement à lui, sont heureux et se réjouissent du bonheur des autres. Ces gens agissent sur lui comme des contre-exemples de ce qu'il fait. Cette situation l'aide à réaliser plus rapidement que sa manière d'agir n'est pas adéquate. Il lui est ainsi plus facile de modifier son attitude et de remplacer son défaut par la qualité inverse.

De plus, le mélange des genres qui existe sur Terre oblige l'esprit à une extrême vigilance. S'il y a beaucoup de bons exemples dont il peut s'inspirer, il y en a aussi un grand nombre de mauvais dont il doit se tenir à distance, et selon le cas, contre lesquels il doit résister. Alors que dans l'au-delà il ne serait confronté qu'à un seul défaut à la fois, sur Terre il doit simultanément faire face à un grand nombre d'entre eux. La vigilance et les efforts de volonté qu'il doit déployer, le fortifient et l'affermissent ainsi davantage que ce ne peut être le cas dans l'au-delà.

Voilà pourquoi, être incarné sur le plan terrestre et pouvoir s'y réincarner est un bienfait, puisqu'on y vit des expériences que l'on ne peut faire dans l'au-delà.

Chapitre 7

Une nouvelle façon de voir la vie

Bien des questions qui préoccupent l'être humain, à propos de lui-même et des événements qui se déroulent autour de lui, prennent un tout autre aspect lorsqu'il les considère en tenant compte de la réincarnation.

Tout au long de ce livre, nous avons déjà vu que cette connaissance change notre façon de comprendre le destin ou karma. Celui-ci n'est pas arbitraire, il est le résultat de décisions prises dans des vies antérieures et dont la récolte arrive dans la vie présente.

Mais il existe beaucoup d'autres exemples. Nous allons en aborder quelques-uns appartenant à des domaines variés.

La relation parents-enfants

Bien des parents sont persuadés que ce sont eux qui ont «fait» leur enfant, que ses caractéristiques physiques et psychiques sont un legs de leur part. L'enfant n'aurait rien apporté lui-même car, pour eux, son existence n'a débuté qu'avec la grossesse de la mère et il a donc tout reçu de ses parents. Ce sentiment se traduit par les expressions : «C'est tout à fait sa mère» ou «Il tient cela de son père». Parfois, les parents en sont fiers, mais, s'il s'agit d'un défaut, ils en sont affectés, et ils culpabilisent.

Voyons ce qu'est réellement un enfant.

Un enfant est un esprit «ancien» qui débute une incarnation nouvelle dans un corps tout neuf. Cet esprit existait déjà avant sa venue sur Terre. Il a déjà vécu beaucoup de choses dans l'au-delà et au cours de ses vies antérieures.

Pour séjourner sur la Terre, il est cependant nécessaire que l'esprit endosse un nouveau corps et ce corps lui est donné par ses parents. En dehors du fait qu'ils lui fournissent un instrument, ces derniers lui sont également indispensables pour le protéger et l'assister lors de ses débuts dans sa nouvelle vie. Cette aide n'est légitime que jusqu'au moment où il arrive à l'âge de la maturité et où il peut désormais voler de ses propres ailes. À partir de ce moment, il redevient un esprit indépendant comme il l'a toujours été.

Éduquer un enfant consiste à lui enseigner à utiliser toutes les possibilités que lui offre son corps : marcher, parler, écrire... Éduquer, c'est préparer son enfant pour la vie terrestre qui est devant lui. Comme il est un esprit ancien, qui a déjà développé en lui bien des choses, l'éduquer ne consiste pas à le modeler d'après les désirs des parents.

Il n'est pas quelque chose d'informe que les parents vont façonner selon leur bon plaisir, ou un terrain vierge dont ils pourraient disposer selon leurs envies, il ne peut pas être dirigé à leur guise, par exemple vers la carrière professionnelle qu'ils considèrent comme la bonne, mais que lui-même n'aurait pas choisie.

L'enfant, en tant qu'esprit, est un être à part entière. Il a sa propre personnalité, son caractère et ses aspirations personnelles. Sa mentalité d'enfant ne provient que de l'immaturité physique temporaire, qui empêche son esprit de se manifester pleinement.

Les parents ne sont pas responsables de ses qualités et de ses défauts, qui ont été développés par lui au cours de ses incarnations précédentes. C'est lui qui en est l'artisan et, par conséquent, le responsable.

Les parents ne peuvent que se réjouir de ses qualités, mais ils ne doivent pas se culpabiliser pour ses défauts.

En tant que parents, ils doivent l'aider à s'en débarrasser, en lui montrant d'autres manières d'agir.

Le fait que les parents aient les mêmes défauts que leur enfant ne prouve pas qu'ils les lui ont transmis, comme beaucoup de gens le pensent. L'enfant est attiré chez ses parents par la loi de l'attraction des affinités. Ces derniers ont donc forcément des défauts et des qualités en commun avec lui. Cette situation est voulue par la sagesse du Créateur qui réside dans cette loi. L'enfant vit ainsi sur lui-même les effets de son propre défaut lorsque ses parents le manifestent, et les parents ont en leur enfant un miroir de leur propre comportement.

Dans les deux cas, cela représente une aide qui les incite à changer.

Les maladies héréditaires

La loi de l'attraction des affinités n'est pas la seule dont les effets entrent en jeu dans le choix des parents.

La loi des semailles et des récoltes agit aussi. Certains enfants naissent avec une maladie héréditaire transmise par l'un des parents. Toutefois, grâce à l'existence et la perfection des lois, il n'y a aucune injustice. Le parent qui souffre d'une maladie héréditaire la transmet au corps de l'enfant, mais pas à son esprit. D'une part, parce qu'une maladie physique ne peut être transmise à l'esprit et d'autre part, parce que ce sont les propres décisions antérieures de l'enfant qui l'ont exposé à vivre l'expérience de la maladie en question, pour apprendre et progresser.

Lorsqu'il y a maladie héréditaire, ce ne sont généralement pas tous les enfants de la famille qui sont touchés, mais seulement ceux qui sont en affinité et ont besoin de ce vécu.

L'enfant passe ainsi par le même vécu de la maladie que l'un de ses parents, parce que son esprit et celui du parent en question avaient tous deux besoin de vivre la même situation karmique.

Les bienfaits qui découlent des expériences vécues entre parents et enfants sont mutuels : chacun apprend grâce à l'autre.

Cependant, lorsque l'enfant atteint l'âge de la maturité et quitte le milieu familial, l'apprentissage en commun de la vie prend fin, et chacun est en droit de poursuivre librement son propre chemin. Puisqu'ils sont au départ des esprits individuels, voire étrangers les uns aux autres, aucune exigence ne peut plus être formulée par les enfants envers les parents et par ces derniers enèvers eux.

Les peines et les soucis des parents engendrés par les soins dispensés à l'enfant sont compensés par les joies qui résultent tout naturellement de sa présence.

La joie donnée aux parents par l'enfant compense les soins que ceux-ci lui ont prodigués. Il s'établit un équilibre, un échange, car il y a du donner et du recevoir des deux côtés.

Il est cependant tout naturel, mais pas obligatoire, qu'une fois l'enfant devenu adulte, des liens d'amour et d'amitié se tissent entre parents et enfants, justement en raison des affinités qu'ils partagent, et qu'une nouvelle relation, mais cette fois-ci entre adultes, puisse naître.

La génétique

Les théories actuelles sur l'hérédité laissent entendre que les gènes contiennent des informations qui sont transmises de génération en génération. De nombreuses études ont montré que la couleur des yeux et des cheveux, la taille et la forme du corps, la force et la faiblesse des différents organes s'expliquaient par les multiples combinaisons entre les gènes légués par les parents. Aucune étude, cependant, n'a encore trouvé les gènes qui seraient responsables des caractéristiques psychiques.

On ne connaît aucun gène ou groupe de gènes responsable de la sociabilité du sujet étudié, de son sens musical ou de son amour du prochain qui transparaît dans son comportement. Bien que certains scientifiques pensent que ce n'est qu'une question de temps, il est tout à fait improbable qu'on en arrive jamais à une telle découverte.

S'il est normal qu'une chose matérielle comme un gène puisse transmettre une information concernant la matière, comme la couleur des yeux, la taille du corps..., il n'en va pas de même pour les caractéristiques immatérielles, comme tout ce qui a trait au psychisme.

Sous quelle forme la bonté de cœur pourrait-elle être transmise par un gène ? Cette faculté ne se réduit pas à une combinaison de molécules, aussi sophistiquée soit-elle. La bonté, par exemple, comme tout ce qui est psychique et spirituel, n'appartient pas au corps de matière dense, elle est en relation avec l'esprit. Elle est d'un autre genre que celui de la matière, et elle dépend du genre auquel elle appartient.

Par conséquent, l'hérédité psychique et spirituelle n'existe pas. Jamais un enfant n'hérite de l'agressivité de ses parents, de leur superficialité ou, au contraire, de leur sens du devoir et de leur sociabilité. Il y aurait alors une injustice, puisqu'il récolterait ce qu'il n'a pas lui-même semé. Ce qui ressemble à une hérédité spirituelle est, comme nous l'avons vu, le résultat de l'activité de la loi de l'attraction des affinités.

S'accepter soi-même

Les traits de caractère ne relèvent pas de l'arbitraire. Chaque esprit développe les siens propres, en fonction des décisions qu'il a prises lors de ses différentes incarnations. Ces traits de caractère forment le pôle d'attraction sur lequel la loi de l'affinité agira pour mener cette âme vers des parents aux caractéristiques semblables aux siennes. Si l'hérédité spirituelle n'existe pas, l'hérédité physique, par contre, est bien réelle. Le corps dans lequel l'être humain s'incarne est déterminé par le bagage génétique des parents.

Il n'y a cependant pas d'injustice pour l'enfant à occuper ce corps «étranger» et personne ne peut en vouloir à ses parents des faiblesses et des déficiences corporelles dont il hérite. En effet, selon ce qu'il a semé dans ses vies antérieures, l'esprit sera attiré vers des parents qui peuvent lui donner le corps dont il a besoin, que celui-ci soit en bonne santé ou non.

Ainsi, de même que nous méritons les parents que nous avons, et inversement, de même nous méritons le corps dont nous héritons.

Grâce à la connaissance de la réincarnation, chacun est à même de prendre conscience qu'il est responsable de son caractère et de son corps, et qu'il n'a aucune raison valable d'en accuser ses parents ou le hasard.

Avoir conscience de sa propre responsabilité est

une aide très précieuse, parce que tant qu'on l'ignore on ne s'attaque pas à l'origine véritable des problèmes, qui réside effectivement en soi-même.

L'énigme de la transsexualité

Certaines personnes n'acceptent pas le sexe de leur corps. Elles ont le sentiment d'être dans un réceptacle inadéquat, car intérieurement elles se sentent du genre opposé au sexe de leur corps physique. Ainsi, une femme qui se ressent intérieurement homme vivra très mal le fait d'être incarnée dans un corps féminin, et inversement, un homme ne se reconnaîtra pas dans le corps masculin qu'il occupe, si intérieurement il se sent femme.

Comme on peut l'imaginer, cette situation engendre une grande souffrance morale, des conflits intérieurs et des problèmes relationnels. Pour les tenants de l'approche matérialiste, le pourquoi de telles situations est un mystère. Les causes hormonale, organique, génétique... évoquées tour à tour se sont révélées insuffisantes pour expliquer la situation. Une solution à cette énigme peut cependant être trouvée si l'on aborde les choses du point de vue spirituel et que l'on prend en considération une notion transmise dans le Message du Graal, à savoir qu'il existe deux genres fondamentaux d'esprits : les esprits féminins et les esprits masculins.

Les esprits féminins sont réceptifs, protecteurs, passifs, conservateurs… et plus tournés vers l'intérieur. Les esprits masculins sont actifs, entreprenants, aventureux, conquérants… et tournés vers l'extérieur. Aucune de ces deux manières d'agir n'est meilleure que l'autre. Elles sont seulement différentes et complémentaires.

Les germes d'esprit sont, dès le départ de leur parcours évolutif, soit de genre masculin soit de genre féminin et ils le demeurent tout au long de leur évolution. Par la suite, ils développent les facultés propres à l'esprit humain, mais de manière masculine ou féminine, conformément à leur genre.

Chaque fois qu'ils se réincarnent, ils revêtent un corps du genre choisi au départ : un corps masculin pour les esprits masculins et un corps féminin pour les esprits féminins.

Certains esprits, cependant, ne suivent pas le cours normal de l'évolution et décident d'agir à l'encontre de leur genre. Ils en ont la possibilité, puisqu'ils disposent du libre arbitre. Un esprit féminin peut ainsi choisir d'adopter une manière d'agir masculine et de se livrer à des activités qui sont plutôt du domaine masculin. Sa décision conduira de plus en plus cette femme à penser, ressentir, parler et se comporter comme un homme.

De même, un homme peut décider de se tourner vers les activités plus passives et réceptives de la féminité ou d'adopter une approche féminine des choses, ce qui le conduira à penser et à agir comme une femme.

Malgré ces changements d'orientation, l'esprit lui, reste toujours le même, c'est-à-dire conforme à son genre initial. Par conséquent, les caractéristiques du genre opposé vers lequel il s'est orienté ne s'inscrivent pas dans l'esprit, mais dans les enveloppes, ou corps, de matière subtile. Ces enveloppes l'accompagnent lors de sa pérégrination dans la Création.

Les enveloppes subtiles sont des outils et, comme tels, s'adaptent aux besoins de l'esprit. Lors d'une déviation, elles prennent des caractéristiques masculines ou féminines, conformément au nouveau genre voulu par l'esprit humain. Un esprit féminin peut ainsi se retrouver avec des enveloppes subtiles masculines et un esprit masculin avec des enveloppes subtiles féminines.

Lorsqu'un être humain dans une telle situation décède, son esprit abandonne le corps dont il avait besoin sur Terre, mais pas ses enveloppes subtiles. Celles-ci continuent de le revêtir.

Or, ces enveloppes jouent un rôle déterminant lors du processus de réincarnation. Ce sont elles qui, selon leurs caractéristiques, déterminent le genre du corps, féminin ou masculin, dans lequel l'esprit s'incarnera.

Dans le cas d'un esprit masculin entouré d'enveloppes féminines, la loi de l'attraction des affinités agira par rapport aux caractéristiques féminines des enveloppes, et non par rapport aux caractéristiques masculines de l'esprit qu'elles entourent. L'esprit masculin en question sera ainsi attiré par ses enveloppes féminines vers un corps en affinité, c'est-à-dire vers un corps féminin.

Lorsque le processus de déviation débute, les dissonances entre l'intérieur et l'extérieur ne se manifestent que de manière discrète au niveau du comportement et de la manière d'être.

Si la déviation se poursuit, elle finit par se manifester de manière dramatique dans une prochaine incarnation : l'esprit se retrouve dans un corps physique de genre opposé au sien.

La récolte de cette discordance entre esprit et corps n'a pas pour but de punir ou de contrarier arbitrairement l'esprit, mais de lui permettre de vivre ce qu'il a désiré, donc semé, et c'est cela qui lui permettra de prendre conscience de cette déformation.

La vie d'une telle personne aura, entre autres, pour but de lui faire réaliser par de multiples expériences vécues qu'elle a fait fausse route. Les transformations intérieures qui s'opèrent en elle, si elle prend conscience de ses choix erronés et qu'elle décide de modifier ses aspirations, feront que peu à peu ses enveloppes subtiles acquerront à nouveau les caractéristiques conformes au genre initial de son esprit. Lors de sa prochaine incarnation, elle réintégrera un corps qui correspond à son genre véritable.

Par ailleurs, contrairement à certaines idées reçues, il n'est pas indispensable pour l'esprit d'occuper tour à tour un corps masculin ou féminin pour évoluer.

L'explosion démographique actuelle

La surpopulation actuelle est souvent évoquée comme une preuve contre l'existence de la réincarnation. À aucune autre période de notre histoire, la Terre n'a en effet porté autant d'êtres humains. S'il a fallu plusieurs dizaines de milliers d'années pour que la population mondiale atteigne 1 milliard d'âmes (en 1850), cinquante ans seulement ont été nécessaires pour que ce chiffre double ! Et aujourd'hui, 100 ans plus tard, nous sommes déjà 7 milliards.

Comment expliquer la présence, et par là l'existence, de tant d'esprits sur Terre, alors que dans le passé il y en avait beaucoup moins ?

Si la réincarnation existe, la population mondiale devrait rester stable. Alors, comment expliquer que dans le passé il y a eu si peu d'êtres humains et qu'aujourd'hui il y en ait tant ?

À sa mort terrestre, l'esprit quitte son corps physique mais il n'entre pas dans une période de repos ou de sommeil éternel. Il continue son existence sur des plans de l'au-delà, puis se réincarne sur Terre, pour regagner à nouveau l'au-delà, en fonction des besoins de son évolution.

Selon son parcours évolutif, un esprit se trouvera donc sur un plan ou un autre. Ainsi, il est tout à fait possible qu'à un moment précis de l'histoire de l'humanité beaucoup plus d'esprits séjournent sur Terre qu'à d'autres époques, comme c'est le cas actuellement.

Il serait donc erroné de penser que le nombre d'esprits humains est en augmentation parce que le nombre d'habitants de la planète Terre s'accroît. Le nombre d'esprits reste toujours identique, seule leur répartition sur les différents plans se modifie. Pourquoi ces esprits s'incarnent-ils aujourd'hui en si grand nombre sur Terre, ce dont témoigne l'augmentation explosive de la population mondiale ?

De même que l'on ne peut récolter le blé que l'on a semé que dans le champ où ont eu lieu les semailles, de même le karma engendré sur Terre ne peut être racheté que là où il a été engendré, c'est-à-dire sur la Terre. Toutefois, de nombreux esprits qui ont quitté leur corps après la mort terrestre ont gagné les plans de l'au-delà sans avoir réparé toutes les erreurs qu'ils ont commises. Il leur faudra donc se réincarner sur Terre pour le faire.

Jusqu'à présent, la réincarnation de ces esprits se faisait à un rythme normal, comme en témoigne l'élévation progressive du nombre d'habitants terrestres au cours du passé. L'afflux d'esprits qui se manifeste dans l'explosion démographique actuelle montre que la situation a changé : de plus en plus d'esprits cherchent à s'incarner maintenant pour racheter leurs erreurs passées. Le brusque changement dans le rythme des incarnations et la rapidité de l'augmentation laissent présager l'urgence de la situation actuelle. D'où vient cette urgence ? L'homme doit-il s'attendre à une échéance ou à un point de non-retour dans le temps imparti pour son développement ?

Comme nous l'avons déjà dit, le temps accordé à l'être humain pour développer ses facultés spirituelles et pour remonter au paradis n'est pas éternel. L'apprentissage de l'esprit est au contraire limité dans le temps et se termine, comme tout apprentissage, par un examen de passage. C'est ce que la Bible appelle le Jugement dernier. Au cours de celui-ci, toutes les erreurs pas encore réparées doivent l'être. L'afflux d'âmes à qui la possibilité de le faire est donnée, conduit à la situation explosive que nous connaissons actuellement.

L'explosion démographique n'est donc pas uniquement le résultat des progrès que les humains ont réalisés en médecine ou en hygiène, mais elle est le signe de l'approche de la fin du temps accordé à l'être humain pour son évolution.

La rédemption par la crucifixion

Un des piliers fondamentaux de la doctrine enseignée par l'Église est le dogme de la rédemption par la crucifixion. D'après celui-ci, Jésus, en prenant sur lui les péchés des êtres humains et en mourant sur la croix, aurait racheté leurs fautes et les aurait libérés du mal.

D'après ce dogme, si Jésus a sauvé les hommes, c'est que ceux-ci n'étaient pas capables de le faire eux-mêmes. Marqués définitivement par la faute originelle, ils ne peuvent que pécher et sont incapables d'accomplir des actes justes. De plus, ils ne disposent pas d'un libre arbitre efficient pour décider de faire le bien et le réaliser.

L'être humain ne pourrait ainsi que se sauver par la foi. La foi dont il est question ici est la certitude totale que Jésus est le Fils de Dieu et qu'il a pris sur lui les péchés des hommes. Cette foi doit s'acquérir au cours de l'unique vie dont disposerait l'être humain. S'il arrive à la développer en lui, il est libéré de ses péchés et les portes du paradis lui sont ouvertes.

Toujours d'après cette approche, l'être humain n'ayant pas besoin de se libérer lui-même de ses fautes – Jésus le faisant pour lui – il n'est donc pas utile non plus qu'il se réincarne à plusieurs reprises sur Terre pour le faire lui-même. De ce fait, pour l'Église, la réincarnation n'est pas nécessaire et n'existe pas.

Or, comme nous l'avons vu, l'existence de la réincarnation présuppose que l'être humain dispose du libre arbitre et qu'il soit responsable. Il en résulte qu'il est capable de s'améliorer par ses propres efforts et de réparer par lui-même ses erreurs, s'il le désire.

Cette réparation effectuée par lui-même est d'ailleurs indispensable pour lui. D'une part, parce que c'est lui qui est à l'origine de ce mal, et d'autre part parce qu'en réparant, il développe en lui des qualités qui lui manquaient personnellement. La réparation contribue donc au perfectionnement de soi. Elle implique aussi des incarnations répétées, puisque la réparation ne peut être effectuée qu'à partir du moment où le responsable de la faute a pris conscience de celle-ci, ce qui peut prendre du temps. Ce moment étant arrivé, la personne lésée n'est peut-être plus sur Terre, ce qui peut conduire à la nécessité d'une rencontre dans une vie ultérieure.

L'être humain doit racheter par lui-même ses propres fautes, et grâce à ce rachat personnel il peut remonter au paradis. Jésus n'a donc pas effectué ce rachat pour l'être humain. L'interprétation communément donnée de la crucifixion est par conséquent erronée : elle n'avait pas pour but le rachat des péchés.

Le Fils de Dieu fut crucifié parce que la Vérité qu'il amenait remettait en question les dogmes de l'époque et gênait ceux qui les enseignaient. «Le Christ n'est nullement venu sur Terre dans l'intention de se faire crucifier. *Ce n'est d'ailleurs pas dans la crucifixion que réside la rédemption* ! Le Christ fut au contraire crucifié parce que sa qualité de Messager de Vérité le rendait importun à cause de son enseignement.

Ce n'était pas sa mort sur la croix qui pouvait et devait apporter la rédemption, mais bien *la Vérité* qu'Il offrait à l'humanité *par ses paroles.*» (Message du Graal, tome 2, conférence 45)

La résurrection de la chair

Le dogme de la résurrection de la chair, est un autre pilier fondamental de l'enseignement dispensé par l'Église, qui est en contradiction avec la réincarnation.

Étant donné qu'il n'émane plus du corps du défunt aucune manifestation de conscience et que ce corps se décompose pour disparaître, la mort a souvent été considérée comme une fin définitive, même si les êtres humains avaient connaissance de l'existence de l'âme. Pourtant, Jésus, qui mourut sur la croix, revint à la vie trois jours plus tard, et se montra à plusieurs reprises à ses disciples.

D'après l'Église, Jésus aurait vaincu la mort et cette victoire annoncerait la promesse que chaque être humain qui croit en lui ressuscitera avec son corps de chair, à la fin des temps, à l'époque du Jugement dernier.

Si l'on s'appuie sur cette approche, la réincarnation devient inutile. Premièrement, le temps jusqu'au Jugement étant une période de sommeil, l'être humain n'a nul besoin de se réincarner. Deuxièmement, le corps de chair revenant à la vie, l'être humain n'a pas besoin d'autres corps et la réincarnation n'a pas de raison d'être.

Contrairement à cette manière de voir, l'approche spiritualiste considère l'esprit et le corps comme deux choses indépendantes et se séparant l'une de l'autre lors du décès.

Cette séparation a lieu lors de chaque décès et par conséquent à la fin de chaque incarnation. Il s'agit d'un processus naturel. Il était donc normal que cela ait eu lieu aussi pour Jésus. Le corps que les disciples virent était le corps subtil qui entourait encore son noyau divin.

Jésus n'a donc pas vaincu une hypothétique destruction totale de l'être à la mort, son noyau immatériel s'est tout naturellement séparé du corps physique, comme cela se fait pour le noyau spirituel de tout être humain incarné.

Il n'y a donc pas eu de résurrection de la chair. Si elle avait eu lieu, les disciples auraient reconnu Jésus lorsqu'il leur est apparu, après sa mort, mais ce ne fut pas le cas.

De plus, si Jésus était vraiment ressuscité avec son corps physique, il n'aurait pas pu traverser les murs pour pénétrer dans la pièce où les disciples s'étaient réunis après avoir fermé toutes les portes et fenêtres, comme le relate la Bible. S'il faut associer la résurrection de la chair et la réincarnation, il faudrait plutôt parler de la résurrection **dans** la chair qu'offrent les réincarnations.

L'auteur du Message du Graal écrit à ce propos :

« L'expression généralement employée de "résurrection de la chair", trouve sa justification dans les naissances ***terrestres*** *qui ne cesseront pas aussi longtemps qu'il y aura des êtres humains sur la Terre. C'est une grande promesse que d'être admis à venir plusieurs fois sur cette Terre, à vivre des incarnations répétées dans le but d'une progression plus rapide liée à un rachat indispensable qui équivaut à la rémission des péchés conformément à la loi de la réciprocité des effets. On trouve là une preuve de l'incommensurable Amour du Créateur dont la Grâce consiste à accorder aux âmes trépassées une occasion supplémentaire de revêtir un nouveau corps ou manteau de matière dense. Elles ont en effet gaspillé entièrement ou en partie leur existence terrestre et sont donc parvenues dans l'au-delà sans avoir atteint la maturité requise pour y poursuivre leur ascension. C'est ainsi que le corps charnel qu'elles ont déposé célèbre une résurrection dans un nouveau corps de chair.*

L'âme déjà passée dans l'au-delà connaît donc une nouvelle résurrection ***dans*** *la chair !» (Message du Graal, tome 2, conférence 48)*

Chapitre 8

Pourquoi ne se souvient-on pas ?

Chaque esprit humain a déjà vécu de nombreuses incarnations. Dans ses vies antérieures, il a peut-être été un grand érudit, un homme politique très influent ou un guerrier féroce. En se réincarnant, il se retrouve dans un corps de nouveau-né. Il doit réapprendre à saisir des objets, à marcher et parler. Il doit suivre à nouveau des cours pour se former et mener une carrière. Il est face à une page neuve qu'il doit réécrire.

Pourquoi le fait de revêtir un corps agit-il comme un bandeau posé devant les yeux de son esprit ? Pourquoi cette apparente perte de mémoire ? En réalité, l'esprit n'a rien oublié ou perdu de ce qu'il a véritablement vécu et qui l'a marqué intérieurement.

Son vécu se trouve encore ancré dans ses facultés spirituelles. Toutes ces choses subsistent en lui et font partie de lui. Il n'en va évidemment pas de même avec les facultés du corps terrestre (marcher, parler...) puisque le corps a été abandonné à la mort et le savoir-faire qui y était inscrit également.

Il en va de même pour le savoir intellectuel, qui n'est pas inscrit dans l'esprit mais qui est issu du cerveau et disparaît en même temps que le cerveau se décompose.

Par contre, le souvenir de ce que l'esprit a vécu dans ses vies antérieures ne s'efface pas pour lui à chaque nouvelle incarnation.

Toutefois, en revêtant un corps physique de matière dense, l'esprit est mis dans une situation qui modifie sa perception des choses. Il n'est désormais conscient et ne perçoit qu'à travers son nouvel instrument, le corps physique. Cet état de chose est logique. Étant dorénavant sur Terre, l'esprit a besoin d'être conscient du plan terrestre sur lequel il se trouve. Il n'est plus nécessaire pour lui d'être conscient de la matière subtile, comme lorsqu'il y séjournait, puisque justement il n'y vit plus.

L'esprit perçoit et ressent donc à travers son nouvel instrument. Or, ce dernier est tout neuf. Il vient d'être formé dans le ventre d'une mère.

Pour qu'au niveau de notre conscience diurne, c'est-à-dire à l'aide du cerveau, nous puissions être conscients de nos vies antérieures, il faudrait que ce dernier puisse les rappeler à lui. De manière générale, les souvenirs reviennent effectivement lorsque le cerveau les rappelle à lui en les cherchant dans les profondeurs de la mémoire. Cette recherche s'effectue avec l'aide des milliards de neurones dont est constitué le cerveau, et qui forment grâce à leurs axones et leurs dendrites un immense réseau de connexions entre les cellules cérébrales.

Le cerveau ne peut cependant rappeler que ce dont il a été informé, ce qu'il a traité et qui s'est inscrit en lui sous forme de connexions. Or, puisqu'il est neuf et n'a pas participé aux événements des vies antérieures, il ne possède pas cette sorte de connexion et il ne saurait rappeler ces souvenirs-là.

Si le cerveau ne peut pas rappeler un souvenir, ne serait-il pas possible à l'esprit de le lui envoyer ?

Ce serait possible si le corps physique qu'il a

revêtu, ainsi que le cerveau qui est à sa disposition, n'étaient pas si denses et si lourds. Étant construit avec les matériaux de la matière dense de forte densité, le corps a une action de frein, voire d'entrave sur ce qui vient de l'esprit. Les souvenirs spirituels ne peuvent donc pas si facilement pénétrer spontanément jusqu'au cerveau. Ils transparaissent seulement de temps à autre de façon très discrète sous forme de rêve ou d'impression de déjà-vu.

Notre passé ne se manifeste dans le présent que dans notre manière d'être, qui est l'expression de ce que nous sommes et qui est inscrite dans l'esprit. Cela se fait inconsciemment et n'est pas à proprement parler un souvenir, mais explique par exemple les peurs irrationnelles de certains adultes envers le feu ou l'eau. L'esprit, qui a été marqué dans une incarnation antérieure par un événement dramatique lié à l'un de ces deux éléments, continue à réagir en fonction de ce drame dans une incarnation ultérieure, même si le cerveau ne sait rien du vécu antérieur.

Le bandeau qui est posé sur l'esprit lorsqu'il s'incarne découle donc de l'ordre naturel des choses. Est-ce vraiment un bienfait ? Ne serait-il pas plus utile de savoir ce que l'on a fait et qui on était dans les vies antérieures ? Ce savoir ne permettrait-il pas d'agir avec plus de discernement ?

Un vécu plus intense

Le bandeau est un bienfait. L'être humain, ne sachant pas ce qu'il a fait dans le passé, ne sait pas non plus ce que lui réserve l'avenir. Rien n'étant prévisible, le futur est incertain, et l'être humain doit rester sur ses gardes. Il doit être vigilant, espérer, décider, lutter, persévérer, s'adapter. De cette façon, il est pleinement impliqué dans les événements. L'esprit est gardé en éveil, actif, réceptif et ainsi il développe ses facultés, ce qui est précisément le but de l'incarnation.

L'esprit serait dans une situation toute différente s'il savait ce qui va lui arriver. Il pourrait ne pas s'impliquer autant. Il laisserait les événements se dérouler. Son attitude de spectateur empêcherait son implication émotionnelle et intuitive qui seules lui font vivre des expériences et, par là, apprendre et progresser.

Connaître l'issue des événements démobilise les forces, c'est bien connu. Prenons l'exemple d'un fils de directeur d'entreprise qui sait, depuis son plus jeune âge, que son père le destine à être son successeur. Il est fort probable que les efforts auxquels il s'astreindra pour être à la hauteur de la tâche seront moindres que s'il ne savait rien. Il suivra peut-être les études nécessaires, mais sans forcer son talent. Il effectuera les stages indispensables, mais pas plus, en faisant juste le strict nécessaire.

Ses efforts seraient tout autres si sa future place n'était pas certaine. Il serait alors comme un jeune employé de l'entreprise qui aspirerait à devenir directeur. Pour être sûr d'être celui qui dispose des meilleures compétences, il étudierait avec un grand sérieux, s'efforçant de maîtriser au mieux toutes les connaissances nécessaires. Il suivrait ses stages avec application. Les efforts qu'il déploierait et la persévérance qu'il y consacrerait feraient de lui un autre homme. Même s'il ne devenait pas directeur, sa persévérance le transformerait, et il s'enrichirait beaucoup intérieurement.

Dans le même ordre d'idées, combien d'étudiants ont échoué à leur examen, combien de musiciens ont raté leur concert, de comédiens leur spectacle, de sportifs leur compétition… parce qu'ils étaient trop confiants, croyant déjà connaître l'heureuse issue de leur participation.

Une démobilisation des forces peut aussi se produire d'une autre manière. Si quelqu'un connaissait ce qu'il a fait dans ses vies antérieures, il aurait une idée assez précise de ce qui est attendu de lui dans sa nouvelle vie. Par exemple, devenir charitable envers son prochain, parce qu'il ne l'a pas été autrefois et que cette qualité lui fait défaut.

Or, incarné dans un environnement où vivent des gens dans le besoin, quelle va être son attitude ? Sachant ce qu'il sait, il s'efforcera d'être charitable. Il adoptera un comportement plein de sollicitude ou, du moins, qu'il croit être tel, mais qui ne l'est pas vraiment, et le changement intérieur n'aura pas lieu.

Combien vraie et grande aurait pu être cette charité si, ignorant les raisons de son incarnation, il avait éprouvé une véritable compassion envers les démunis, devant le spectacle quotidien de leur misère. Le besoin d'aider se serait développé en lui, ainsi qu'un véritable amour du prochain. En passant aux actes, son action aurait été vraie. Son esprit aurait été en mouvement et pas seulement son intellect, et la charité serait vraiment devenue sienne.

Le bandeau sur les yeux de l'esprit est également bénéfique pour une autre raison. Il évite que l'on désespère de soi-même et qu'on baisse les bras, en se privant ainsi de toute possibilité d'avancer. Certaines erreurs de sa vie actuelle peuvent déjà être un lourd fardeau à porter pour celui qui les a commises. La culpabilité et les remords peuvent l'oppresser et l'entraver pour le restant de ses jours. Dans quel état serait-il si en plus des erreurs de sa vie actuelle, il était également conscient de celles de ses vies passées ! Un grand désarroi qui paralyserait toutes ses forces pourrait en résulter. Il risquerait davantage de se décourager et de perdre son enthousiasme, en pensant que «ça ne vaut plus la peine», et qu'il a «trop à rattraper».

Il risquerait également de perdre son élan dans la situation inverse. Quelqu'un qui découvrirait qu'il a fait beaucoup de bonnes choses dans ses vies passées pourrait en tirer trop de fierté et de satisfaction. Il tomberait facilement dans un contentement de soi qui lui donnerait l'impression de ne plus avoir besoin d'en faire trop et de pouvoir s'autoriser à s'endormir sur ses lauriers.

Le bandeau évite donc d'une part le désespoir et le fatalisme, et d'autre part une trop grande complaisance envers soi-même, il garde intactes les forces nécessaires à l'effort et à la lutte pour avancer spirituellement dans la vie.

Savoir qui on a été

En apprenant que la réincarnation existe, certaines personnes ont un vif désir de savoir qui elles étaient dans leurs vies antérieures. Elles s'attendent, avec une certaine excitation à découvrir qu'elles ont été un grand personnage historique dont la renommée est encore vivace aujourd'hui, grâce à l'éclat de son action : un grand roi, un courageux héros, un illustre chef d'état ou un artiste réputé.

De quel profit un tel savoir pourrait-il être ? L'esprit traverse différentes vies et sa personnalité de départ évolue en fonction des décisions qu'il prend face aux situations qu'il doit vivre. Des qualités qu'il n'avait pas dans le passé se sont développées depuis, et celles qui étaient déjà présentes se sont épanouies. Les modifications peuvent aussi se produire dans le sens inverse : des qualités négligées se sont affaiblies, ou pire encore, transformées en défauts.

L'être humain est un être en perpétuel devenir, il se modifie sans cesse. Il n'est donc pas indispensable de savoir qui nous avons été dans le passé, car nous avons changé et ne sommes plus ce que nous étions alors.

Même si nous ignorons totalement nos vies antérieures, et l'existence de la réincarnation, nous sommes le résultat de tout ce que nous avons vécu. Ce résultat, l'être humain l'a sous les yeux en permanence, c'est lui-même avec ses qualités et ses défauts, ses aspirations élevées ou non, son sens moral acquis ou perdu.

En déposant sa pesante enveloppe terrestre et en passant dans l'au-delà, l'esprit ne devient pas soudain «quelqu'un» d'autre, beaucoup plus brillant et meilleur, ou au contraire beaucoup plus mauvais. Ce qu'il est, il l'est, et l'emporte avec lui.

En se réincarnant, il ne devient pas non plus «quelqu'un» d'autre, c'est seulement lui-même dans un autre corps et dans un autre environnement.

Ce qui est fondamental pour l'être humain, ce n'est pas le passé où il n'est plus, ni le futur où il n'est pas encore, mais le présent où il se trouve. Ce présent, il doit le vivre pleinement avec les qualités et les défauts qui sont les siens actuellement, et c'est cela seul qui compte et lui est utile.

Certaines personnes admettent volontiers que le désir de savoir qui elles étaient sert le plus souvent, et avant tout, à satisfaire leur propre curiosité et n'est au fond pas indispensable. Elles le considèrent par contre comme légitime dans certains cas, lorsque ce désir a pour but de savoir quelles erreurs ont été commises dans le passé, afin de pouvoir s'en corriger intérieurement et de ne plus les refaire. Le recours à un voyant ou à des techniques de régression dans les vies passées permet parfois d'obtenir de telles informations, mais cette pratique est à proscrire car elle comporte de très graves dangers.

Cependant, la vie nous ramène avec certitude tous nos conflits intérieurs et les situations qui nous aident à prendre conscience de nos défauts. C'est précisément là le but des réincarnations. Il ne sert donc à rien de faire resurgir artificiellement le passé, puisqu'il revient de toute façon. La sagesse des lois de la Création nous le renvoie à un moment favorable, dans un contexte approprié, et lorsque nous avons les dispositions d'esprit qui conviennent. C'est donc tout le contraire du rappel artificiel qui a lieu brusquement, à un moment quelconque, sans relation avec notre vécu du moment, et par conséquent le plus souvent à un moment inadéquat.

Le conseil bienveillant du Christ «à chaque jour suffit sa peine» (Matthieu 6,34) pourrait aussi être compris comme une exhortation à ne se préoccuper que des peines de cette vie, et non de celles des précédentes.

Donc, si la connaissance de la réincarnation est une grande aide pour l'être humain, savoir précisément ce que l'on a fait au cours des vies antérieures n'en est pas une.

Le bandeau permet un nouveau départ

Le bandeau posé sur les yeux de l'esprit a pour autre avantage de favoriser un nouveau départ. Les gens rencontrés par celui qui se réincarne ne savent pas qui il est et ce qu'il a fait dans le passé. Ils le prennent tel qu'il est, sans a priori. Cela facilite beaucoup ses possibilités d'évolution. En effet, il n'est pas freiné dès le début par des idées préconçues à son sujet.

Il est bien connu qu'une mauvaise réputation est souvent à l'origine de dommages durables et persistants. Une fois que quelqu'un a été classé incapable dans un domaine, toute possibilité d'agir ou de s'améliorer dans cette branche d'activité lui est refusée, ou n'est acceptée qu'à contrecœur.

Par exemple, quelqu'un qui a fait de la prison aura, tout le reste de sa vie, beaucoup de mal à trouver du travail ou à se voir attribuer un poste de confiance. Sa mauvaise réputation s'attache à lui. Il est classé comme «peu fiable» quand bien même il se serait complètement transformé intérieurement après avoir pris conscience de son erreur et être devenu correct à tous égards. On a du parti pris envers lui et, dans ces conditions, il lui est très difficile de prendre un nouveau départ. Parfois, son entourage n'accepte pas le nouvel homme qu'il est devenu. Cette attitude le repousse et le renvoie presque à ses mauvais comportements, à cause de l'image qui lui reste attachée et qui ne lui laisse aucune possibilité d'action nouvelle.

Avec les réincarnations, ce problème ne se pose pas. On ne peut faire entrave à quelqu'un pour son passé, car chacun ignore le passé des autres, le sien y compris. Chacun est considéré pour ce qu'il est, plutôt que pour ce qu'il était et n'est peut-être déjà plus.

Ceci est vrai aussi bien en positif qu'en négatif. Le malfaiteur qui s'est amendé peut à nouveau se montrer digne de confiance et acquérir une bonne réputation, mais l'homme de confiance n'est pas cru aveuglément quoi qu'il dise. Le tyran n'est pas continuellement rejeté et le bienfaiteur pas systématiquement loué et favorisé pour son passé.

Si c'est un avantage que les gens de notre entourage ne sachent pas ce que **nous** avons été, c'en est aussi un que nous ne sachions pas ce qu'**ils** ont été. Certaines personnes que nous côtoyons dans l'incarnation actuelle sont des gens avec lesquels nous avons pu avoir de graves différends, voire de très violents conflits. Le but des retrouvailles – dans l'anonymat de cette vie – est, pour les deux protagonistes, de réparer les erreurs qui ont été commises.

Ignorer qui est l'autre et ce qu'il nous a fait permet une bien meilleure entrée en matière. Aucune rancune, crispation ou haine ne surgit dès qu'il apparaît. Il est mis sur le même pied d'égalité que tout le monde, il est considéré comme n'importe qui d'autre, et notre relation n'est pas directement bloquée par un carcan d'idées ou par d'anciens schémas de comportement.

Une relation plus saine pourra s'établir, parce qu'exempte de préjugés, ce qui amènera une compréhension plus objective de l'autre et, par conséquent une attitude plus constructive.

Le fait d'avoir un bandeau entraîne un bienfait supplémentaire, cela permet à l'être humain qui se réincarne de sortir du cadre de ses activités passées et de s'ouvrir à des choses nouvelles. Pour progresser dans un domaine, plusieurs incarnations sont souvent nécessaires. C'est le cas, par exemple, pour devenir un grand musicien au génie reconnu et apprécié. Mais cela signifie-t-il qu'il doit continuer à composer à chaque nouvelle incarnation ? Non, car le talent musical n'est qu'un des nombreux talents que l'esprit humain peut développer. D'autres facultés à épanouir l'attendent, et elles impliquent d'autres activités.

Le bandeau cachant le passé musical permet à la personne concernée de se consacrer plus facilement à autre chose.

Son sens musical n'en disparaît pas pour autant, mais elle ne l'utilise plus. Elle apprécie la musique, l'écoute volontiers, mais sans plus. Son énergie et ses intérêts se focalisent désormais sur d'autres domaines d'activité.

Comment se diriger dans l'existence ?

L'être humain se retrouve-t-il à chaque nouvelle incarnation démuni face à la vie sous prétexte que, ne sachant pas ce qu'il a fait dans ses vies antérieures, il ne sait pas non plus ce qu'il doit faire dans les suivantes ? Certaines personnes le pensent. L'être humain leur apparaît comme privé de points de repère et d'une base solide sur laquelle s'appuyer.

Les réincarnations n'offrent cependant que des changements d'environnement. Fondamentalement le devoir de l'esprit humain à travers ses vies diverses reste toujours le même, c'est-à-dire apprendre à penser dans le sens de ce qui est bien, juste et beau, et agir avec amour et respect envers le prochain, ce qui conduit à reconnaître l'existence et la grandeur de Dieu. Ce sont ces hautes valeurs qui doivent nous guider et vers lesquelles nous devons nous orienter, pour qu'elles se développent en nous.

Doté du libre arbitre, l'esprit humain n'agit pas automatiquement d'après ces hautes valeurs, mais il doit apprendre à le faire volontairement s'il désire remonter au paradis. Les expériences vécues indispensables pour arriver à comprendre cette nécessité, il les fait au cours des multiples réincarnations qui lui sont offertes pour développer son être intérieur.

Chapitre 9

Ce qu'ils en disent (citations)

Socrate (470-399 av. J.-C.), philosophe grec, cité par Platon

Une ancienne opinion veut que l'âme, après avoir abandonné ce monde, arrive dans les enfers souterrains et de là, revienne dans la vie et ainsi de suite, de la mort à la naissance. Les souillures de l'âme sont un pesant fardeau, et l'âme chargée de ce poids est entraînée sans cesse vers le monde visible.

Ciceron (106-43 av. J.-C.), penseur et orateur romain

Les erreurs et les souffrances de la vie humaine me laissent supposer que les hommes naissent sur la Terre afin de réparer les fautes qu'ils ont commises dans leurs vies anciennes.

Jules César (101-44 av. J.-C.) à propos des Gaulois

Ils veulent inculquer comme l'un de leurs dogmes essentiels que les âmes ne meurent pas mais passent après la mort d'un corps en un autre, et ils pensent que les hommes, grâce à cette croyance, accordent au courage une haute valeur et méprisent la peur de la mort.

Ovide (43-17 av. J.-C.), poète romain

L'âme ne peut être tuée par la mort. Elle revient chaque fois sur la Terre, choisit une nouvelle demeure et par un pouvoir que personne ne peut lui ravir, elle donne la vie à ce nouveau corps. Ainsi, à travers d'innombrables formes, l'âme va vers son ultime destination.

Lucain (39-65), poète romain, à propos des druides gaulois

De vous nous apprenons que la destination de l'esprit de l'homme n'est pas le tombeau, ni le royaume des ombres.

Le même esprit dans un autre monde anime un corps et, si vos enseignements sont exacts, la mort est le milieu d'une longue vie, et non pas la fin.

Plutarque (50-125), écrivain grec

La plupart des âmes sont imparfaites et reviennent par conséquent du royaume des morts de nouveau sur la Terre.

Plotin (205 – 270), philosophe à Rome

L'âme doit parcourir diverses existences. Notre journée présente est le résultat de nos actions d'hier. Telle est la loi du développement, la seule qui puisse nous éclairer sur les voies de Dieu.

Jamblique (250-333), philosophe romain

La justice de Dieu est différente de celle des hommes. L'homme fonde ses jugements sur ce qui est visible dans l'existence présente, mais Dieu voit nos vies précédentes et juge de l'ensemble. Les fautes que nous avons commises dans une vie précédente, nous les expions dans la vie actuelle.

Paracelse (1493-1541), médecin

La cause de toute chose est l'esprit. L'esprit fait naître un corps au moyen duquel il opère ses prodiges. Lorsque le corps est détruit, l'esprit se constitue un nouveau corps qui possède des qualités analogues ou supérieures.

Cyrano de Bergerac (1620-1655, écrivain et penseur, fait dire à l'un de ses héros

Cet homme est un philosophe sur le point de mourir, car nous mourons plus d'une fois, mais..., nous changeons de forme pour aller reprendre vie ailleurs, ce qui n'est point un mal, puisque c'est un chemin pour perfectionner son être, et arriver ainsi à un nombre plus parfait de connaissances.

Gotthold Lessing (1729-1781), écrivain

Pourquoi l'idée qu'un homme a pu, comme individualité, exister plusieurs fois sous différentes personnalités, semble-t-elle plus impossible que l'idée ancrée d'une seule existence ?

Pourquoi ne devrais-je pas revenir tant que je pourrai assimiler de nouvelles connaissances, de nouvelles capacités ? Puis-je acquérir en une seule fois tellement de choses que cela ne vaille plus la peine de revenir... ?

Charles Fourier (1772-1837), philosophe et économiste français

Il faut donc reconnaître que nous avons déjà vécu avant d'être ce que nous sommes, et que plusieurs autres vies nous attendent...

Johann Gottfried Herder (1744-1803), philosophe, historien et poète allemand

Comment les hommes ne se sont-ils jamais encore rendu compte que leur dignité, leur valeur, leur noblesse n'avaient pu se développer au cours d'une seule vie ? Il faut qu'ils aient vécu bien des fois auparavant pour avoir acquis cette pureté d'esprit qui leur permet de saisir naturellement le sens de l'élévation, de la beauté et de la grandeur.

Johann Wolfgang von Goethe (1749-1832), poète et penseur allemand

De la notion d'activité est née en moi la conviction de notre survivance ; car si je suis constamment actif jusqu'à ma mort, la nature est dans l'obligation de me fournir une autre forme d'existence au moment où ma forme matérielle ne conviendra plus à mon esprit...

Je suis certain que, tel que vous me voyez, j'ai déjà existé cent fois, et j'espère bien revenir encore cent fois.

Voltaire (1694-1778)

Il n'est pas plus surprenant de naître deux fois qu'une ; tout est résurrection dans la nature.

Arthur Schopenhauer (1788-1860), philosophe allemand

Ces qualités innées que nous trouvons chez un homme, et qui manquent chez un autre, ne sont pas le présent gracieux de quelque divinité inconnue, mais le fruit des actions personnelles de chaque homme dans une autre vie.

Victor Hugo (1802 -1885)

Shakespeare a écrit, «la vie est un conte de fées qu'on lit pour la seconde fois.»

Il aurait pu dire : pour la millième fois ! car il n'y a pas de siècle où je ne voie passer mon ombre.

Alphonse de Lamartine (1790-1869)

Je n'ai presque jamais rencontré en Judée un lieu ou une chose qui ne fût pour moi comme un souvenir. Avons-nous donc vécu deux fois, ou mille fois ?

Honoré de Balzac (1799-1850)

Combien de formes l'être promis au ciel a-t-il usées avant d'en venir à comprendre le prix du silence et de la solitude... ! Après avoir expérimenté le vide et le néant, les yeux se tournent vers le bon chemin. C'est alors d'autres existences à user pour arriver au sentier où brille la lumière. La mort est le relais de ce voyage.

Jean Reynaud (1806-1849), philosophe

Et maintenant, représentons-nous, si nous le pouvons, les trésors infinis d'un esprit enrichi par les souvenirs d'une innombrable série d'existences, entièrement différentes les unes des autres, et cependant admirablement liées toutes ensembles par une continuelle dépendance !

Gustave Flaubert (1821-1880)

Il me semble que j'ai toujours existé ! Et je possède des souvenirs qui remontent aux pharaons. Je me vois à différents âges de l'histoire, très nettement, exerçant des métiers différents et dans des fortunes multiples. Mon individu actuel est le résultat de mes individualités disparues... Bien des choses s'expliqueraient si nous pouvions connaître notre généalogie véritable.

Gustave Mahler (1860-1911), compositeur

Nous revenons tous sur Terre après y avoir déjà vécu ; c'est cette certitude qui donne un sens à la vie, et peu importe que nous nous souvenions ou non dans une incarnation ultérieure de la vie précédente. Ce qui compte, ce n'est pas l'individu et son plaisir, mais cette grande aspiration à atteindre la pureté et la perfection qui se poursuit au cours de chaque incarnation.

Gandhi (1869-1948)

Puisque je crois en la réincarnation, je vis dans l'espoir que, sinon dans cette vie humaine, du moins dans une autre, je pourrai embrasser l'humanité en une fraternelle accolade.

Henry Ford (1863-1947), industriel, constructeur d'automobiles

Avant que je ne connaisse l'enseignement de la réincarnation, j'étais sans appui et insatisfait – comme sans boussole...

La découverte de l'enseignement de la réincarnation m'a rendu serein.

Bibliographie

Abd-ru-shin, Dans la Lumière de la Vérité, Message du Graal, Éditions du Graal, Paris

En décrivant la structure de la Création, les lois qui la régissent et le parcours évolutif de l'esprit humain au sein de celle-ci, ce livre en trois tomes permet, entre autres, de mieux comprendre la logique et le sens profond de la réincarnation.

Bertholet Edouard, La réincarnation, Éditions Rosicruciennes, Lausanne

Ce livre, très bien documenté, comporte de nombreux exemples et extraits. C'est un vaste panorama de la réincarnation telle qu'elle est vue par les différentes religions, les systèmes philosophiques et les courants spirituels, mais aussi par les voyants, les occultistes, les grands auteurs de la littérature mondiale, et certains hommes politiques ou scientifiques…

Il fait aussi une large place à un examen critique des arguments des contradicteurs.

Cockell Jenny, Mes enfants d'une autre vie, Éditions J'ai lu

Témoignage d'une anglaise qui, après avoir compris qui elle était dans sa vie précédente, part à la recherche de ses enfants d'alors.

Stevenson Ian, Les enfants qui se souviennent de leurs vies antérieures, Éditions Sand

Résultat des 2500 enquêtes effectuées par Ian Stevenson sur des enfants qui se souviennent de leur vie antérieure.

Livres du même auteur
Christopher Vasey

Le secret de la naissance

Collection Monde du Graal

Format de poche
11,5 x 18 cm
144 pages

À la découverte de soi, du cerveau à l'esprit

Collection Monde du Graal

Format de poche
11,5 x 18 cm
164 pages

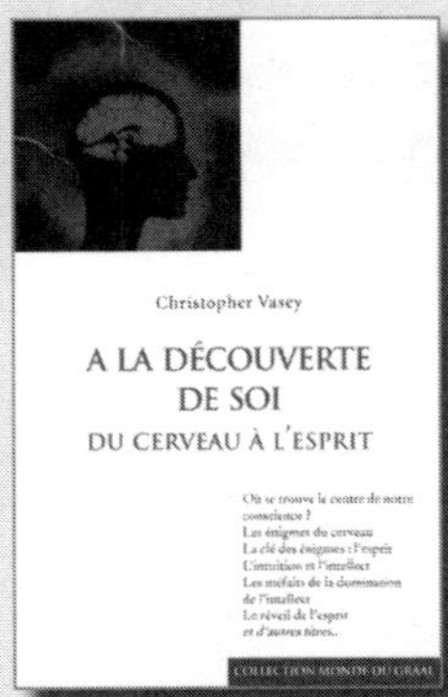

Mourir, c'est naître dans l'au-delà

Collection Monde du Graal

Format de poche
11,5 x 18 cm
160 pages

Livres du même auteur
Christopher Vasey

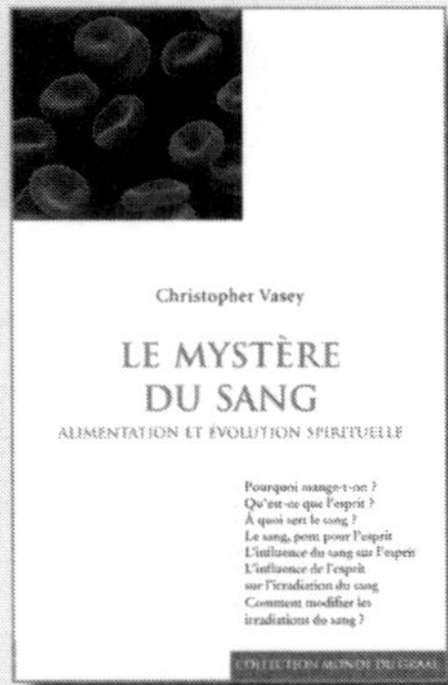

Le mystère du sang

Collection Monde du Graal

Format de poche
11,5 x 18 cm
176 pages

Gnomes, elfes, dieux de l'Antiquité, mythe ou réalité ?

Collection Monde du Graal

Format de poche
11,5 x 18 cm
96 pages

Secrets et sagesse des lois naturelles

Collection Les valeurs de la vie

Format de poche
11,5 x 18 cm
192 pages

Dans la Lumière de la Vérité
Message du Graal de Abd-ru-shin

Parmi tous les ouvrages traitant de sujets d'ordre spirituel, cette œuvre tient une place toute particulière. Elle apporte la connaissance des lois régissant la Création entière et elle révèle au lecteur la connaissance profonde des rapports entre tout ce qui existe.

L'auteur écrit : « ... Ce que je veux, c'est combler les lacunes qui, dans les âmes humaines, sont autant de questions restées sans réponse jusqu'à ce jour et qui tourmentent chaque penseur sérieux s'il cherche sincèrement la Vérité.»

Édition en trois volumes reliés :

Tome I	232 pages
Tome II	474 pages
Tome III	502 pages

L'édition originale est en allemand.
Des traductions sont disponibles dans plus de 15 langues.

Édition en format de poche :
Tomes I, II, III
Coffret trois tomes

Cette œuvre a été diffusée à un million d'exemplaires dans le monde

Éditions du Graal
23 rue Colbert - 93100 Montreuil
www.graal.org - edigraal@orange.fr

Autres ouvrages

Abd-ru-shin

- Dans la Lumière de la Vérité - Message du Graal
  - les 3 tomes format de poche ou reliés
  - le coffret des 3 tomes format de poche
- Les Dix Commandements de Dieu et le Notre Père
- Prières données aux hommes par Abd-ru-shin

Collection Les précurseurs

- Bouddha
- Lao-Tseu
- Zoroastre
- Éphésus

Collection Réveil des temps passés

- Résonances des millénaires enfuis

Collection Les valeurs de la vie

- Après la vie, d'autres vies, *Richard Steinpach*
- Secrets et sagesse des lois naturelles, *Christopher Vasey*
- La respiration, une fonction vivante, *Suzanne Barknowitz*
- Comprendre, c'est déjà guérir, *Monique Giraud*

Collection Herbert Vollmann

- Le pèlerin des mondes
- Regard sur l'autre monde
- Questions religieuses sous un jour nouveau
- Connaissances nouvelles pour le tournant cosmique

Ernest Schmitt

- Sacrifice ou meurtre, d'Abraham au Golgotha

Collection Monde du Graal

- Livres de Christopher Vasey : voir pages précédentes
- Sortir de la dépression, *collectif d'auteurs*
- L'accompagnement des mourants, *collectif d'auteurs*
- DVD et VHS : la mort et l'au-delà

Documentation envoyée sur demande :

- France : Éditions du Graal - 23 rue Colbert - 93100 Montreuil
  contact : edigraal@orange.fr
- Belgique, Canada et Suisse : voir adresses en dernière page

Éditions du Graal

Site internet

www.graal.org

Retrouvez en ligne
- les nouveautés
- le catalogue
- le magazine Monde du Graal
- les manifestations

Téléchargez gratuitement
- des articles du Monde du Graal

Commandez en ligne
- les ouvrages et DVD
- le magazine Monde du Graal

Forums, séminaires et conférences
- retrouvez toutes les dates de nos manifestations

Écrivez-nous
- E-mail : edigraal@orange.fr
- nous répondrons à vos questions

Éditions du Graal

Adresses pour obtenir des renseignements dans les pays suivants :

Allemagne	Stiftung Gralsbotschaft Lenzhalde 15, 70192 Stuttgart Tél.: (49) 0715 65 096 www.gral.de - E-mail : info@gral.de
Belgique	Éditions du Graal Victor Rauterstraat 101 - 1070 Bruxelles Tél.: (32) 02 523 1742 www.graal-belgique.net E-mail : editionsdugraal@belgacom.net
Cameroun	M. Michel Mékiage B.P. 13412, Yaoundé Tél.: (237) 22 30 76
Canada	Publications du Graal C.P. 3568, Chénéville Québec, J0V 1E0 Tél.: (1) 800 672 2898 www.graal.ca - E-mail : commandes@graal.ca
France	Éditions du Graal 23 rue Colbert 93100 Montreuil-sous-Bois Tél.: (33) 01 48 57 71 05 www.graal.org - E-mail : edigraal@orange.fr
République Démocratique du Congo	ABSL "Message du Graal en RDC" B.P. 9704, Kinshasa I Tél.: (243) 999946 804 E-mail : ndjekafr@yahoo.com
Suisse	Buchvertrieb Gralswelt Sentier Cour de Chaulin 35 C.P. 2 - 1832 Chamby Tél./Fax : (41) 021 964 64 24 www.graal.ch - E-mail : buchvertrieb@gral.ch

Pour d'autres pays, adresses sur demande :

Contact : edigraal@orange.fr